工学结合·基于工作过程导向的项目化创新系列教材
国家示范性高等职业教育土建类"十三五"规划教材

建筑工程资料管理实训

JIANZHU

GONGCHENG

ZILIAO GUANLI

主　审	袁钢强　罗银燕
主　编	骆　萍
副主编	颜立新
编　委	蒋世军　徐文芝
	周　红　郭志英
	张艳芝　万　平
	胡　佳　许　博
	欧阳文利

华中科技大学出版社
http://www.hustp.com
中国·武汉

内 容 简 介

　　本书是骆萍老师主编的《建筑工程资料管理》教材的配套实训表,主要内容包括:施工验收文件,施工技术及施工管理文件,施工记录文件,给水排水及供暖工程项目文件,建筑电气工程文件,建筑节能工程文件及分项工程文件等。本实训教材与《建筑工程资料管理》主教材配套使用,通过这些表格的填写,熟悉建筑工程资料的种类及管理方法,进而掌握相关资料的归档和整理技能,达到学以致用的目的。

　　为了方便教学,本书还配有教学课件等教学资源包,相关教师和学生可以登录"我们爱读书"网(www.ibook4us.com)免费注册并浏览,或者发邮件至 husttujian@163.com 免费索取。

　　本书适合于全国高职高专院校土建类专业学生使用,也可作为建设行业职工培训的学习教材。

图书在版编目(CIP)数据

建筑工程资料管理实训/骆萍主编. —武汉:华中科技大学出版社,2017.2(2020.1 重印)
国家示范性高等职业教育土建类"十三五"规划教材
ISBN 978-7-5680-2097-8

Ⅰ.①建…　Ⅱ.①骆…　Ⅲ.①建筑工程-技术档案-档案管理-高等职业教育-教材　Ⅳ.①G275.3

中国版本图书馆 CIP 数据核字(2016)第 183890 号

建筑工程资料管理实训
Jianzhu Gongcheng Ziliao Guanli Shixun

骆　萍　主编

策划编辑:康　序
责任编辑:康　序
封面设计:原色设计
责任监印:朱　玢
出版发行:华中科技大学出版社(中国·武汉)　　电话:(027)81321913
　　　　　武汉市东湖新技术开发区华工科技园　　邮编:430223
录　　排:武汉正风天下文化发展有限公司
印　　刷:武汉市籍缘印刷厂
开　　本:787 mm×1 092 mm　1/16
印　　张:19.5
字　　数:496 千字
版　　次:2020 年 1 月第 1 版第 2 次印刷
定　　价:39.00 元

本书若有印装质量问题,请向出版社营销中心调换
全国免费服务热线:400-6679-118　竭诚为您服务
版权所有　侵权必究

前言

⊙ ⊙ ⊙

近年来,随着我国基础建设事业的蓬勃发展,建筑工程资料作为展示工程项目管理水平和体现工程项目管理的规范和标准力度的载体,逐渐引起了建筑行业的主管部门及管理者的重视。在工程建设过程中,如何按照国家制定的法律法规,以及规范和标准等对工程的实施过程进行管理并记录在案,最后形成完整的工程竣工验收资料,是一项系统的质量管理工作。建筑工程资料的管理是施工管理程序化、规范化和制度化的具体体现,是工程建设各主体在依法建设、现场管理、质量控制及采用新技术方面的原始记录,是建设工程施工质量的重要组成部分。

真实、完整、系统的资料是建筑工程规范管理过程中的重要组成部分。在初步掌握施工准备阶段的文件资料、施工资料、监理资料、竣工图资料及竣工验收备案资料的酝酿收集和编制方法,同时在对我国建筑工程技术资料管理方面的相关法律法规有较为深入了解的基础上,通过在具体工程背景下进行以项目为载体的建筑工程资料管理能力的实践训练,能够使学生具备真正的职业能力。

建筑工程资料管理是实践性很强的工作。为了帮助学习者掌握建筑工程资料管理的基本方法,培养职业能力,切实解决工作中的实际问题,提高资料管理水平,编者在深入进行大量调研的基础上,结合建筑工程资料管理的课程实践,组织编写了本书。

本书的主要内容包括:施工验收文件,施工技术及施工管理文件,施工记录文件,给水排水及供暖工程项目文件,建筑电气工程文件,建筑节能工程文件及分项工程文件等。本书与骆萍老师主编的《建筑工程资料管理》教材配套使用,通过这些表格的填写,熟悉建筑工程资料的种类及管理方法,进而掌握相关资料的归档和整理技能,达到学以致用的目的。

本书可作为建筑工程资料管理的实践性教学指导用书,也可作为职业岗位培训教材。

在编写过程中参考了大量的相关文献资料,编者在此对文献资料的作者表示衷心的感谢!

为了方便教学,本书还配有教学课件等教学资源包,相关教师和学生可以登录"我们爱读书"网(www.ibook4us.com)免费注册并浏览,或者发邮件至 husttujian@163.com 免费索取。

由于编写时间仓促和编者水平有限,所以本书难免存在不足之处,恳请各位专家和读者批评指正。

编　者
2016 年 12 月

目录

表 1-1　单位(子单位)工程质量竣工验收记录

单位(子单位)工程质量竣工验收记录

湘质监统编
施 2015—01

工程名称		结构类型		层数/建筑面积	
施工单位		技术负责人		开工日期	
项目负责人		项目技术负责人		完工日期	

序号	项目	验收记录	验收结论
1	分部工程验收	共　　分部,经查符合设计及标准规定　　分部	
2	质量控制资料核查	共　　项,经核查符合规定　　项	
3	安全和使用功能核查及抽查结果	共核查　　项,符合规定　　项,共抽查　　项,符合规定　　项,经返工处理符合规定　　项	
4	观感质量验收	共抽查　　项,达到"好"和"一般"的　　项,经返修处理符合要求的　　项	
综合验收结论			

参加验收单位	建设单位 (公章) 项目负责人: 　年　月　日	监理单位 (公章) 总监理工程师: 　年　月　日	施工单位 (公章) 项目负责人: 　年　月　日	设计单位 (公章) 项目负责人: 　年　月　日	勘察单位 (公章) 项目负责人: 　年　月　日

注:单位工程验收时,验收签字人员应由相应单位的法人代表书面授权。

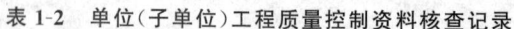
表 1-2　单位(子单位)工程质量控制资料核查记录

单位(子单位)工程质量控制资料核查记录

湘质监统编

施 2015—02

工程名称				施工单位			
序号	项目	资 料 名 称	份数	施 工 单 位		监 理 单 位	
				核查意见	核查人	核查意见	核查人
1	建筑与结构	图纸会审记录、设计变更通知单、工程洽商记录					
2		工程定位测量、放线记录					
3		原材料出厂合格证书及进场检验、试验报告					
4		施工试验报告及见证检测报告					
5		隐蔽工程验收记录					
6		施工记录					
7		地基、基础、主体结构检验及抽样检测资料					
8		分项、分部工程质量验收记录					
9		工程质量事故调查处理资料					
10		新技术论证、备案及施工记录					
11		常见质量问题专项治理检查验收记录					
1	给水排水与供暖	图纸会审记录、设计变更通知单、工程洽商记录					
2		原材料出厂合格证书及进场检验、试验报告					
3		管道、设备强度试验、严密性试验记录					
4		隐蔽工程验收记录					
5		系统清洗、灌水、通水、通球试验记录					
6		施工记录					
7		分项、分部工程质量验收记录					
8		新技术论证、备案及施工记录					

工程名称				施工单位			
序号	项目	资 料 名 称	份数	施 工 单 位		监 理 单 位	
				核查意见	核查人	核查意见	核查人
1	通风与空调	图纸会审记录、设计变更通知单、工程洽商记录					
2		原材料出厂合格证书及进场检验、试验报告					
3		制冷、空调、水管道强度试验、严密性试验记录					
4		隐蔽工程验收记录					
5		制冷设备运行调试记录					
6		通风、空调系统调试记录					
7		施工记录					
8		分项、分部工程质量验收记录					
9		新技术论证、备案及施工记录					
1	建筑电气	图纸会审记录、设计变更通知单、工程洽商记录					
2		原材料出厂合格证书及进场检验、试验报告					
3		设备调试记录					
4		接地、绝缘电阻测试记录					
5		隐蔽工程验收记录					
6		施工记录					
7		分项、分部工程质量验收记录					
8		新技术论证、备案及施工记录					

工程名称				施工单位			
序号	项目	资 料 名 称	份数	施 工 单 位		监 理 单 位	
				核查意见	核查人	核查意见	核查人
1	智能建筑	图纸会审记录、设计变更通知单、工程洽商记录					
2		原材料出厂合格证书及进场检验、试验报告					
3		隐蔽工程验收记录					
4		施工记录					
5		系统功能测定及设备调试记录					
6		系统技术、操作和维护手册					
7		系统管理、操作人员培训记录					
8		系统检测报告					
9		分项、分部工程质量验收记录					
10		新技术论证、备案及施工记录					
1	建筑节能	图纸会审记录、设计变更通知单、工程洽商记录					
2		原材料出厂合格证书及进场检验、试验报告					
3		隐蔽工程验收记录					
4		施工记录					
5		外墙、外窗节能检验报告					
6		设备系统节能检验报告					
7		分项、分部工程质量验收记录					
8		新技术论证、备案及施工记录					

续表

工程名称				施工单位			
序号	项目	资 料 名 称	份数	施 工 单 位		监 理 单 位	
				核查意见	核查人	核查意见	核查人
1	电梯	图纸会审记录、设计变更通知单、工程洽商记录					
2		设备出厂合格证书及开箱检验记录					
3		隐蔽工程验收记录					
4		施工记录					
5		接地、绝缘电阻试验记录					
6		负荷试验、安装装置检查记录					
7		分项、分部工程质量验收记录					
8		新技术论证、备案及施工记录					
1	室内燃气	图纸会审记录、设计变更通知单、工程洽商记录					
2		原材料出厂合格证书及进场检验、试验报告					
3		管道吹扫					
4		隐蔽工程验收记录					
5		管道压力强度试验、严密性试验					
6		施工记录					
7		分项、分部工程质量验收记录					
8		新技术论证、备案及施工记录					

结论：

工程质量控制资料核查通过检查

施工单位项目负责人：××　　　　　　　　　　总监理工程师(建设单位项目负责人)：××

　　　　年　　月　　日　　　　　　　　　　　　　　　　　年　　月　　日

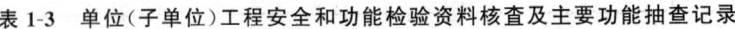

表 1-3　单位(子单位)工程安全和功能检验资料核查及主要功能抽查记录

单位(子单位)工程安全和功能检验资料核查及主要功能抽查记录

湘质监统编
施 2015—03

工程名称			施工单位				
序号	项目	安全和功能检查项目	份数	核查意见	抽查结果	核查(抽查)人	
1	建筑与结构	地基承载力检验报告					
2		桩基承载力检验报告					
3		混凝土强度试验报告					
4		砂浆强度试验报告					
5		主体结构实体检测报告					
6		主体结构尺寸、位置抽查记录					
7		建筑物垂直度、标高、全高测量记录					
8		屋面淋水或蓄水试验记录					
9		地下室渗漏水检测记录					
10		有防水要求的地面蓄水试验记录					
11		工程缺陷处理记录					
12		抽气(风)道检查记录					
13		外窗气密性、水密性、耐风压检测报告					
14		幕墙气密性能、水密性能、耐风压能、平面内变形性能检测报告					
15		建筑物沉降观测测量记录					
16		节能、保温测试记录					
17		室内环境检测报告					
18		土壤氡浓度检测报告					
1	给水排水与供暖	给水管道冲洗、消毒记录					
2		暖气管道、散热器压力试验记录					
3		卫生器具满水试验记录					
4		排水主管及水平干管通球试验记录					
5		锅炉试运行、安全阀及报警联动测试记录					
1	通风与空调	通风、空调系统试运行记录					
2		风量、温度测试记录					
3		空气能量回收装置测试记录					
4		洁净室洁净度测试记录					
5		制冷机组试运行调试记录					

施工验收文件

续表

工程名称				施工单位			
序号	项目	安全和功能检查项目	份数	核查意见	抽查结果	核查（抽查）人
1	建筑电气	建筑照明通电试运行记录				
2		大型花灯的固定及悬吊装置的载荷强度试验记录				
3		绝缘电阻测试记录				
4		剩余电流动作保护器测试记录				
5		应急电源装置应急持续供电记录				
6		接地电阻测试记录				
7		接地故障回路阻抗测试记录				
1	智能建筑	系统试运行记录				
2		系统电源及接地检测报告				
3		系统接地检测报告				
1	建筑节能	外墙节能构造检查记录或热工性能检验报告				
2		设备系统节能性能检查记录				
1	电梯	运行记录				
2		安全装置检测报告				
1	室内燃气	排烟装置是否接到室外				
2		室内燃气系统压力试验记录				
3		管道强度试验检验验收记录				
4		管道严密性试验检验验收记录				

结论：

施工单位项目负责人：　　　　　　　　　　　总监理工程师（建设单位项目负责人）：

　年　月　日　　　　　　　　　　　　　　　　　　年　月　日

注：抽查项目由验收组协商确定。

表 1-4　单位(子单位)工程观感质量检查记录

单位(子单位)工程观感质量检查记录

湘质监统编 施 2015—04a

工程名称			施工单位			
序号		项目	抽查质量状况			质量评价
1	建筑与结构	主体结构外观	共检查　点,好　点,一般　点,差　点			
2		室外墙面	共检查　点,好　点,一般　点,差　点			
3		变形缝、雨水管	共检查　点,好　点,一般　点,差　点			
4		屋面	共检查　点,好　点,一般　点,差　点			
5		室内墙面	共检查　点,好　点,一般　点,差　点			
6		室内顶棚	共检查　点,好　点,一般　点,差　点			
7		室内地面	共检查　点,好　点,一般　点,差　点			
8		楼梯、踏步、护栏	共检查　点,好　点,一般　点,差　点			
9		门窗	共检查　点,好　点,一般　点,差　点			
10		雨罩、台阶、坡道、散水	共检查　点,好　点,一般　点,差　点			
1	给水排水与供暖	管道接口、坡度、支架	共检查　点,好　点,一般　点,差　点			
2		卫生器具、支架、阀门	共检查　点,好　点,一般　点,差　点			
3		检查口、扫除口、地漏	共检查　点,好　点,一般　点,差　点			
4		散热器、支架	共检查　点,好　点,一般　点,差　点			
1	通风与空调	风管、支架	共检查　点,好　点,一般　点,差　点			
2		风口、风阀	共检查　点,好　点,一般　点,差　点			
3		风机、空调设备	共检查　点,好　点,一般　点,差　点			
4		管道、阀门、支架	共检查　点,好　点,一般　点,差　点			
5		水泵、冷却塔	共检查　点,好　点,一般　点,差　点			
6		绝热	共检查　点,好　点,一般　点,差　点			

续表

工程名称			施工单位				
序号		项目	抽查质量状况				质量评价
1	建筑电气	配电箱、盘、板、接线盒	共检查 点,好 点,一般 点,差 点				
2		设备器具、开关、插座	共检查 点,好 点,一般 点,差 点				
3		防雷、接地、防火	共检查 点,好 点,一般 点,差 点				
1	智能建筑	机房设备安装及布局	共检查 点,好 点,一般 点,差 点				
2		现场设备安装	共检查 点,好 点,一般 点,差 点				
1	电梯	运行、平层、开关门	共检查 点,好 点,一般 点,差 点				
2		层门、信号系统	共检查 点,好 点,一般 点,差 点				
3		机房	共检查 点,好 点,一般 点,差 点				
1	室内燃气	钢管防腐	共检查 点,好 点,一般 点,差 点				
2		管道连接	共检查 点,好 点,一般 点,差 点				
3		管道安装	共检查 点,好 点,一般 点,差 点				
4		支架及管卡安装	共检查 点,好 点,一般 点,差 点				
5		计量表等器具安装	共检查 点,好 点,一般 点,差 点				
观感质量综合评价							

结论:

工程观感质量综合评价好,验收合格

施工单位项目负责人:　　　　　　　　　　总监理工程师(建设单位项目负责人):

　　　年　月　日　　　　　　　　　　　　　　　　　　年　月　日

注:① 本表格内容填写需来源于《观感质量现场检查原始记录》。

　　② 对质量评价为差的项目应进行返修。

表 1-5　单位(子单位)工程观感质量现场检查原始记录

附件：单位(子单位)工程观感质量现场检查原始记录

湘质监统编
施 2015—04b

工程名称：　　　　　　　　　　　　施工单位：

序号	项目		抽查质量状况	质量评价			检查人
				好	一般	差	
1	建筑与结构	主体结构外观					
2		室外墙面					
3		变形缝、雨水管					
4		屋面					
5		室内墙面					
6		室内顶棚					
7		室内地面					
8		楼梯、踏步、护栏					
9		门窗					
10		雨罩、台阶、坡道、散水					
1	给水排水与供暖	管道接口、坡度、支架					
2		卫生器具、支架、阀门					
3		检查口、扫除口、地漏					
4		散热器、支架					
1	通风与空调	风管、支架					
2		风口、风阀					
3		风机、空调设备					
4		管道、阀门、支架					
5		水泵、冷却塔					
6		绝热					
1	建筑电气	配电箱、盘、板、接线盒					
2		设备器具、开关、插座					
3		防雷、接地、防火					
1	智能建筑	机房设备安装及布局					
2		现场设备安装					
1	电梯	运行、平层、开关门					
2		层门、信号系统					
3		机房					
1	室内燃气	钢管防腐					
2		管道连接					
3		管道安装					
4		支架及管卡安装					
5		计量表等器具安装					

观感质量综合评价

单位工程验收观感检查组组长：

年　月　日

注：本表由观感验收小组在现场填写。质量评价"好"用√表示，"一般"用○表示，"差"用×表示。

表1-6 分部（子分部）工程质量验收记录

＿＿＿＿分部（子分部）工程质量验收记录 湘质监统编 施 2015—05

编号：＿＿＿＿＿

单位(子单位) 工程名称		子分部工 程数量		分项工程 数量	
施工单位		项目负责人		技术(质量) 负责人	
分包单位		分包单位 负责人		分包内容	

序号	子分部工 程名称	分项工程名称	检验批 数量	施工单位检查结果	监理单位验收结论
1					
2					
3					
4					
5					
6					
7					
8					
综合验收结论	质量控制资料				
	安全和功能检验结果				
	观感质量检验结果				

施工总包单位	施工分包单位	设计单位	勘察单位	监理(建设)单位
(公章)	(公章)	(公章)	(公章)	(公章)
项目负责人： 年 月 日	项目负责人： 年 月 日	项目负责人： 年 月 日	项目负责人： 年 月 日	总监理工程师(建设 单位项目负责人)： 年 月 日

注：①分部工程验收前，质量控制资料、安全和功能检验结果、观感质量检验结果等资料需检查合格；

②勘察单位只参加地基与基础分部工程的验收。

表 1-7　分项工程质量验收记录

分项工程质量验收记录

湘质监统编
施 2015—06
编号：_____

单位(子单位) 工程名称		分部(子分部) 工程名称			
分项工程数量		检验批数量			
施工单位		项目负责人		项目技术 负责人	
分包单位		分包单位 项目负责人		分包内容	
序号	检验批名称	检验批容量	部位/区段	施工单位检查结果	监理单位验收结论
1					
2					
3					
4					
5					
6					
7					
8					
9					
10					
11					
12					
13					
14					
15					
说明：					
施工单位 检查结果	项目专业技术负责人： 　　　　年　月　日				
监理(建设)单位 验收结论	专业监理工程师 (建设单位项目技术负责人)： 　　　　年　月　日				

注："检验批容量"指的是本检验批的工程量,计量项目和单位按专业验收规范中对检验批容量的规定。

表1-8 现场验收检验批检查原始记录

现场验收检验批检查原始记录（　　　　）

湘质监统编

施 2015—08

共　页　第　页

单位(子单位)工程名称		检验批名称			
检验批编号		验收日期	年　月　日		
编号	验收项目	验收部位	验收情况记录		备注

质量员：　　　　　　　　　　施工员：　　　　　　　　　　监理旁站监督人：

注:本表格由质量员在验收现场记录填写。

表 1-9　工程竣工预验收质量问题整改通知单

工程竣工预验收质量问题整改通知单

湘质监统编
施 2015—09

工程名称：　　　　　　　　　　　　　　　　　预验收日期：　　年　月　日　　　编号：001

　　　　　　　　　　　　　　　　　：

　　你单位　　　　　　　　　　　　工程，经工程预验收/验收检查，还存在下列需要整改的质量问题：

处理意见：

　　以上问题请于　　　年　月　日　　　日前整改完毕。并将整改的情况逐条填写在《工程竣工预验收质量问题整改情况回复单》中上报我部，接受整改复查。

总监理工程师（建设单
位项目负责人签字）：

被通知单位接受人签字：　　　　　　　　　　　　　　　监理（建设）单位（章）
　　　　　年　月　日　　　　　　　　　　　　　　　　　年　月　日

注：本通知单适用于各类新建、扩建、改建等各类建筑安装工程。分包项目存在的问题要一同归纳。

表 1-10　工程竣工预验收质量问题整改情况回复单

工程竣工预验收质量问题整改情况回复单

湘质监统编
施 2015—10

工程名称：　　　　　　　　　　　　　　　　　　　　　编号：

建设单位		施工单位	
整改时间	年　月　日—　　年　月　日	整改通知单编号	

须整改的问题	整改主要措施	整改情况

施工单位整改意见：	监理单位复查意见：	建设单位复查意见：
技术负责人： 项目经理： 　　　　盖行政公章 　　　　年　月　日	总监理工程师： 　　　盖行政公章 　　　年　月　日	项目负责人： 　　　盖行政公章 　　　年　月　日

注：质量问题整改情况必须由施工单位在回复单上逐条填写；分包项目存在的问题整改，总包单位要一同归纳；问题整改经监理和建设单位复查合格后，将签证完整的《工程竣工预验收质量问题整改情况回复单》作为《工程竣工验收申请报告》（备2015-5）的附件承报质监站。

表 1-11　工程竣工验收质量问题整改通知单

工程竣工验收质量问题整改通知单

湘质监统编
施 2015—011

工程名称：　　　　　　　　　　　　　　　　　　　　　　验收日期：　年　月　日　　　编号:001

　　　　　　　　　　　　　　　　　：

　　你单位＿＿＿＿＿＿＿＿＿＿＿＿工程,经工程预验收/验收检查,还存在下列需要整改的质量问题：

处理意见：

　　以上问题请于　　年　月　日　　日前整改完毕。并将整改的情况逐条填写在《工程竣工预验收质量问题整改情况回复单》中上报我部,接受整改复查。

　　　　　　　　　　　　　　　　　　　　　　　　　总监理工程师（建设单
　　　　　　　　　　　　　　　　　　　　　　　　　位项目负责人签字）：

被通知单位接受人签字：　　　　　　　　　　　　　　　　监理（建设）单位（章）
　　　　年　月　日　　　　　　　　　　　　　　　　　　　　　年　月　日

注:本通知单适用于各类新建、扩建、改建等各类建筑安装工程。分包项目存在的问题要一同归纳。

表 1-12 工程竣工验收质量问题整改情况回复单

工程竣工验收质量问题整改情况回复单

湘质监统编
施 2015—12

工程名称：   编号：

建设单位		施工单位	
整改时间	年 月 日— 年 月 日	整改通知单编号	

须整改的问题	整改主要措施	整改情况

施工单位整改意见：	监理单位复查意见：	建设单位复查意见：
技术负责人： 项目经理： 盖行政公章 年 月 日	总监理工程师： 盖行政公章 年 月 日	项目负责人： 盖行政公章 年 月 日

注：质量问题整改情况回复由施工单位逐条填写；分包项目存在的问题整改情况，总包单位要一同归纳；建设、监理单位对整改
　　情况要认真核查；《工程竣工验收质量问题整改情况回复单》需送工程备案部门存档。

表 1-13 报审、报验表

报审、报验表

湘质监统编
施 2015—13

工程名称：   编号：

致：＿＿＿＿＿＿＿＿＿＿＿＿＿＿＿（项目监理机构）

我方已完成＿＿＿＿＿＿＿＿＿＿＿＿＿＿＿工作，经自检合格，请予以审查或验收。

附：□ 隐蔽工程质量检验资料

□ 检验批质量检验资料

□ 分项工程质量检验资料

□ 施工试验室证明资料

□ 其他

施工项目经理部（盖章）

项目经理或项目技术负责人（签字）

年   月   日

审查或验收意见：

项目监理（建设）机构（盖章）

专业监理工程师（建设单位项目技术负责人）（签字）

年   月   日

表 1-14　分部工程报验表

分部工程报验表

湘质监统编
施 2015—14

工程名称：　　　　　　　　　　　　　　　　　　　　　　　　　　　　　　　编号：

_____（项目监理机构）： 我方已完成_____（分部工程），经自检合格，请予以验收。 　　附件：分部工程质量资料   　　　　　　　　　　　　　　　　　　　　　　施工项目经理部（盖章） 　　　　　　　　　　　　　　　　　　　　　　项目技术负责人（签字） 　　　　　　　　　　　　　　　　　　　　　　　　　年　　　月　　　日
验收意见：   　　　　　　　　　　　　　　　　　　　　　　专业监理工程师（签字） 　　　　　　　　　　　　　　　　　　　　　　　　年　　　月　　　日
验收意见：   　　　　　　　　　　　　　　　　　　　　　项目监理（建设）机构（盖章） 　　　　　　　　　　　　　　　　总监理工程师（建设单位项目技术负责人）（签字） 　　　　　　　　　　　　　　　　　　　　　　　　年　　　月　　　日

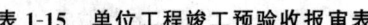

表 1-15 单位工程竣工预验收报审表

单位工程竣工预验收报审表

湘质监统编
施 2015—15

工程名称：   编号：

致：_____（项目监理机构）

我方已按施工合同要求完成_____工程，经自检合格，现将有关资料报上，请予以验收。

附件：

施工单位（盖章）

项目经理（签字）

年   月   日

预验收意见：

经预验收，该工程 合格 / 不合格，可以 / 不可以 组织正式验收。

项目监理机构（盖章）

总监理工程师（签字、加盖执业印章）

年   月   日

模块 2
施工技术及施工管理文件

表 2-1　工程概况表

工程概况表

湘质监统编
施 2015—16

工程名称：　　　　　　　　　　　　　　　　　　　　　　　　编号：

一般情况	建设单位		建设地点	
	勘察单位		建筑面积	
	设计单位		结构类型/层数	
	监理单位		开工日期	年　月　日
	施工单位		竣工日期	年　月　日
构造特征	地基与基础			
	柱、内外墙			
	梁、板、楼盖			
	外墙装饰			
	内墙装饰			
	楼地面装饰			
	屋面构造			
	抗震等级			
	防火设备			
	安装工程			
工程正面照片	（3英寸×5英寸照片）			

续表

工程侧面照片	（3英寸×5英寸照片）
工程（工地）原貌照片	（3英寸×5英寸照片）

填表：　　　　　　　　　年　月　日

本表由施工单位填写。

表 2-2 施工现场质量管理检查记录

施工现场质量管理检查记录

湘质监统编
施 2015—17

开工日期： 年 月 日

工程名称				施工许可证号		
建设单位				项目负责人		
设计单位				项目负责人		
监理单位				总监理工程师		
施工单位		项目负责人			项目技术负责人	

序号	项 目	主要内容
1	项目部质量管理体系	
2	现场质量责任制	
3	主要专业工种操作岗位证书	
4	分包单位管理制度	
5	施工图已送审并加盖施工图审查章	
6	图纸会审记录	
7	地质勘查资料	
8	施工技术标准	
9	施工组织设计、施工方案编制及审批	
10	物资采购管理制度	
11	施工设施和机械设备管理制度	
12	计量设备配备	
13	检测试验管理制度	
14	工程质量检查验收制度	
15		

自检结果：	检查结论：
施工单位项目负责人： 年 月 日	总监理工程师 （建设单位项目负责人）： 年 月 日

表 2-3 分包(劳务分包)单位资格报审表

分包(劳务分包)单位资格报审表

湘质监统编
施 2015—18

工程名称：　　　　　　　　　　　　　　　　　　　　　　　　　　　编号：

致：＿＿＿＿＿＿＿＿＿＿＿＿＿＿＿＿(项目监理机构)

　　经考察,我方认为拟选择的＿＿＿＿＿＿＿＿＿＿＿＿＿＿＿(分包单位)具有承担下列工程的施工或安装资质和能力,可以保证本工程按施工合同第＿＿＿＿＿＿＿＿＿＿＿＿＿条款的约定进行施工或安装,请予以审查。

分包工程名称(部位)	分包工程量	分包工程合同额
合　　　计		

附：(1) 分包单位资质材料;

　　(2) 分包单位业绩材料;

　　(3) 分包单位专职管理人员和特种作业人员的资格证书;

　　(4) 施工单位对分包单位的管理制度。

施工项目经理部(盖章)

项目经理(签字)

年　　月　　日

审查意见：

专业监理工程师(签字)

年　月　日

审核意见：

项目监理(建设)机构(盖章)

总监理工程师(建设单位项目负责人)(签字)

年　　月　　日

表 2-4　工程质量事故报告

工程质量事故报告

湘质监统编

施 2015—19

工程名称：　　　　　　　　　　　　　　　　　　　　　　　　　　编号：

建设单位		施工单位	
工程地址		事故类型	
事故发生时间及部位			
经济损失		死亡人数	
事故情况及主要原因			
采取的措施及事故控制情况			
备注			

施工企业负责人：＿＿＿＿＿＿　　　填报人：＿＿＿＿＿＿　　　施工企业（章）：

填报日期：　　年　　月　　日

注:按照国家建设行政主管部门规定上报。

表2-5 原材料、试块、试件见证取样送检委托书

原材料、试块、试件见证取样送检委托书

湘质监统编
施 2015—20

工程名称: 　　　　抗震等级: 　　　　年　月　日　编号:

产品(含砼、砂浆试块及焊接件等)名称:					试验项目:		
规格型号							
出厂批(炉、编)号							
进场批量(吨、个、件)							
有无出厂质量证明书							
出厂质量等级							
出厂日期	年　月　日	年　月　日	年　月　日	年　月　日	年　月　日	年　月　日	年　月　日
生产厂名							
供应商名							
样品编号							
砼试样芯片编码							
代表部位(层次、轴线)							
样品重量							
样品单件数							
取样人签名							
见证人签名							
收样人签名							

施工单位: 　　　电话: 　　　　检测单位: 　　　电话:

取样说明:

　　　　　　　　　　　　　　　　　　　　　　监理(建设)项目部(章)

　　　　　　　　　　　　　　　　　　　　　　　　年　月　日

注:①施工单位应将本委托书及其检测试验报告一并归档;②见证人签名处应加盖见证人单位章;③《见证取样、封样、送检方法要求》见反面附录一。

表 2-6 钢筋机械连接试验报告汇总表

钢筋机械连接试验报告汇总表

工程名称：

湘质监统编
施 2015—21

共 页 第 页

批次	连接种类	钢筋直径 /mm	每组试件根数	抽样部位	送样日期	试验报告编号	试 验 结 果						结论	接头批量 /个	备注
					年 月 日		极限荷重 /kN	极限强度 /MPa	断口距焊缝端尺寸 /mm	焊缝破坏（脆、塑）情况	冷弯试验（D）				
1					年　月　日										
2					年　月　日										
3					年　月　日										
4					年　月　日										
5					年　月　日										
6					年　月　日										
7					年　月　日										
8					年　月　日										
9					年　月　日										
10					年　月　日										
11					年　月　日										
12					年　月　日										

施工单位项目技术负责人：　　　　　　（项目部章）　　　　　　总监理工程师（建设单位项目技术负责人：　　　　　　（项目部章）　　　　　　填表人：

表 2-7 钢筋机械连接试验报告汇总表

钢筋机械连接试验报告汇总表

钢筋机械连接试验报告汇总表

共 页 第 页

湘质监统编
施 2015—22

工程名称：

批次	等级及接头类型	钢筋直径/mm	每组试件根数	抽样部位	送检日期	试验日期	试验结果					结论	接头批量/个	备注
							母材试件		接头试件					
							屈服强度标准值/MPa	残余变形标准值/mm	残余变形平均值/mm	抗拉强度/MPa	抗拉强度/MPa			
				年 月 日	年 月 日								
				年 月 日	年 月 日								
				年 月 日	年 月 日								
				年 月 日	年 月 日								
				年 月 日	年 月 日								

施工单位项目技术负责人：　　（项目部章）　　总监理工程师（建设单位项目技术负责人：　　（项目部章）　　填表人：

表2-8 钢筋材质试验报告汇总表

钢筋材质试验报告汇总表

工程名称：

湘质监统编
施 2015—23
共 页 第 页

批次	钢材牌号	钢筋直径/mm	进场批量/吨	进场批炉号	本单位工程数量/吨	使用部位	送样日期	试验报告编号	每组试件根数	屈服强度/MPa	抗拉强度/MPa	伸长率/(%)	总伸长率/(%)	强屈比	弯曲压头直径/mm	弯曲角度/°	结果	重量偏差/(%)	结论	出厂材质证明	备注
1							年 月 日														
2							年 月 日														
3							年 月 日														
4							年 月 日														
5							年 月 日														
6							年 月 日														
7							年 月 日														
8							年 月 日														
9							年 月 日														
10							年 月 日														
合计																					

年 月 日

施工单位项目技术负责人： （项目部章） 总监理工程师（建设单位项目技术负责人）： （项目部章） 填表人：

表 2-9　水泥材质试验报告汇总表

水泥材质试验报告汇总表

工程名称：　　　　　　　　　　　　　　　　　　　　　　　年　月　日

批次	品种	出厂批(编)号	进场批量/吨	本单位工程数量/吨	使用部位	送样日期	试验报告编号	强度试验日期 3d	强度试验日期 28d	强度/MPa 3d 抗压	强度/MPa 28d 抗压	平均值/MPa	安定性 试饼或雷氏法	凝结时间/min 初凝	凝结时间/min 终凝	细度/(%) 负压筛析法	生产厂家	出厂材质证明	备注
1																			
2																			
3																			
4																			
5																			
6																			
7																			
8																			
9																			
10																			
合计																			

施工单位项目技术负责人：　　　（项目部章）　　　总监理工程师（建设单位项目技术负责人）：　　　（项目部章）　　　填表人：

表 2-10 预拌混凝土进场情况汇总表

预拌混凝土进场情况汇总表

湘质监统编
施 2015-25

工程名称：

共 页 第 页

序号	进场时间	生产厂家	砼设计强度等级	本批次砼车数	本批数量/吨	出厂合格证编号	浇筑部位	监理浇筑令编号	施工现场试块留置组数						备注
	年 月 日								标准养护试块		同条件强度试块	同条件拆模试块	抗渗试块		
									组数	试验报告编号					

注：登记按照施工中每一批逐批次进行登记，如果在一批次浇筑中使用了两家以上生产厂家的砼，登记要按照不同厂家分平行进行登记；登记按日期顺序进行；标准养护试块的试验报告编号在试验报告出来后，再填写到"试验报告编号"栏。

施工单位项目技术负责人： (项目部章) 总监理工程师(建设单位项目技术负责人)： (项目部章) 填表人：

表 2-11 砖（砌块）材质试验报告汇总表

砖（砌块）材质试验报告汇总表

湘质监统编
施 2015—26

共　页　第　页

工程名称：　　　　　　　　　　　　　　　　　　　　　年　月　日

批次	品种	出厂批（编）号	进场数量/块	本单位工程数量/块	使用部位	送样日期	试验报告编号	设计强度等级	试验结果								
									强度/MPa			干体积密度平均值/(kg/m³)	认定强度等级	外观质量	生产厂家	出厂材质证明	备注
									强度平均值	强度标准值 (δ≤0.21)	单块强度最小值 (δ>0.21)						
					年　月　日												
					年　月　日												
					年　月　日												
					年　月　日												
					年　月　日												
					年　月　日												
					年　月　日												
					年　月　日												
					年　月　日												
					年　月　日												
					年　月　日												
					年　月　日												
合计																	

施工单位项目技术负责人：　　　　　　　（项目部章）　　总监理工程师（建设单位项目技术负责人：　　　（项目部章）　　填表人：

表2-12 原材料使用部位及数量登记表

原材料使用部位及数量登记表

湘质监统编
施2015-27
编号：001

原材料使用部位、数量登记

序号	原材料批号、炉号	规格型号	进场批量	材料调拨下料日期	单位工程编号	具体部位	使用数量	单位工程编号	具体部位	使用数量	单位工程编号	具体部位	使用数量	单位工程编号	具体部位	使用数量
				年 月 日												
				年 月 日												
				年 月 日												
				年 月 日												
				年 月 日												
				年 月 日												
				年 月 日												
				年 月 日												
				年 月 日												
				年 月 日												
				年 月 日												

（1）在一个批号的水泥、钢材、防水等原材料使用到两个或者两个以上单位工程时高填写本表。

（2）本表由施工单位项目材料保管人员、钢筋下料班负责人如实填写，确保每一种原材料汇总表中单位工程使用数量和部位信息填写准确。

施工单位项目技术负责人：　　　　（项目部章）　　　　总监理工程师（建设单位项目技术负责人：　　　　（项目部章）　　　　填表人：

表 2-13 混凝土、砂浆试块（同养、标养）试验报告汇总表

混凝土、砂浆试块（同养、标养）试验报告汇总表

湘质监统编
施 2015—28
共　页　第　页

工程名称：

批次	试块部位及构件名称	设计强度/MPa	成型日期	试验日期	龄期/d	每组试件块数	试压评定强度/MPa	折算为28天强度	达到设计强度（%）	报告编号	备注
1			年　月　日	年　月　日							
2			年　月　日	年　月　日							
3			年　月　日	年　月　日							
4			年　月　日	年　月　日							
5			年　月　日	年　月　日							
6			年　月　日	年　月　日							
7			年　月　日	年　月　日							
8			年　月　日	年　月　日							
9			年　月　日	年　月　日							
10			年　月　日	年　月　日							
合计											

施工单位项目技术负责人：　　　（项目部章）　　总监理工程师（建设单位项目技术负责人）：　　（项目部章）　　填表人：

表 2-14 检（试）验报告汇总表

检（试）验报告汇总表

工程名称：

湘质监统编
施 2015—29

共 页 第 页

序号	品种	生产厂家	出厂批（编）号	材质证明	进场数量	使用部位	送样日期	试验日期	试验报告编号	试验项目一	试验项目二	试验结果	备注
							年 月 日	年 月 日					
							年 月 日	年 月 日					
							年 月 日	年 月 日					
							年 月 日	年 月 日					
							年 月 日	年 月 日					
							年 月 日	年 月 日					
							年 月 日	年 月 日					
							年 月 日	年 月 日					
							年 月 日	年 月 日					
							年 月 日	年 月 日					
							年 月 日	年 月 日					
							年 月 日	年 月 日					
							年 月 日	年 月 日					
合计													

注：登记按照施工中每一批次浇筑逐批次进行登记，如果在一批次浇筑中使用了两家以上生产厂家的砼，登记要按照不同厂家分开进行登记；登记按日期顺序进行。

施工单位项目技术负责人：（项目部章） 总监理工程师（建设单位项目技术负责人）：（项目部章） 填表人：

表 2-15　施工日志

施工日志

湘质监统编

施 2015—30

工程名称：　　　　　　　　　　　　　　　　　　　　　　　　编号：

日期		年　月　日		温度/℃	气候		
施工部位		出勤人数				上午	下午
当日施工内容					操作负责人		
变更及技术核定							
技术交底							
材料进场检验情况							
隐蔽工程验收							
材料检验及混凝土砂浆试块制作							
质量情况							
安全情况							
其他							

施工员：

注：本记录由现场施工员逐日填写，每日一页。施工期间不得缺填、漏填，记后切勿涂改。

表 2-16 施工组织设计或（专项）施工方案报审表

施工组织设计或（专项）施工方案报审表

湘质监统编
施 2015—31

工程名称：   编号：001

致：＿＿＿＿＿＿＿＿＿＿＿＿＿（项目监理机构）

　　我方已完成＿＿＿＿＿＿＿＿＿＿工程施工组织设计/（专项）施工方案的编制和审批，请予以审查。

　　附：　□　施工组织设计
　　　　　□　专项施工方案
　　　　　□　施工方案
　　　　　□　单位工程分部分项工程划分方案
　　　　　□　工程试验检测方案

施工项目经理部（盖章）

项目经理（签字）

年　　月　　日

审查意见：

专业监理工程师（签字）

年　　月　　日

审核意见：

项目监理机构（盖章）

总监理工程师（签字、加盖执业印章）

年　　月　　日

审批意见（仅对超过一定规模的危险性较大的分部分项工程专项施工方案）：

建设单位（盖章）

建设单位代表（签字）

年　　月　　日

表 2-17　施工技术交底记录

施工技术交底记录

湘质监统编
施 2015—32

工程名称：		施工单：	编号：
项目技术负责人：		项目专业施工员：	项目专业质量检查员：
专业班组长：		交底时间：　　　年　月　日	交底地址：

交 底 内 容

(1) 交底分部(子分部)、分项工程名称：

(2) 交底执行标准名称及编号：

(3) 交底内容摘要：

施工单位技术交底人签字：　　　　　　　　　施工班组接受人签字：

注：①执行标准名称及编号是指施工单位自行制定的企业标准(如施工操作工艺标准、工法等)的名称、编号；②企业标准应有编制人、批准人、批准时间、执行时间、标准名称及编号；③企业标准的质量水平不得低于国家施工质量验收规范的规定要求；④施工单位当前如无企业标准，可暂选用国家有关部委、省市及其他企业公开发布的标准，但选用标准的质量水平不得低于国家现行施工质量验收规范的规定要求；⑤交底内容摘要，只填写已交待执行标准中的章、节标题和补充内容概要。

表 2-18　图纸会审记录

图纸会审记录

湘质监统编

施 2015—33

工程名称：　　　　　　　　　　年　月　日　　　　　　　　编号：

建设单位		监理单位	
设计单位		专业名称	
地　点		页　数	共　页　第　页

序　号	图　号	图 纸 问 题	答 复 意 见

勘察单位	设计单位	施工单位	建设单位	监理(建设)单位
签名：	签名：	签名：	签名：	签名： 项目部(章)
年　月　日	年　月　日	年　月　日	年　月　日	年　月　日

注：施工单位整理汇总的图纸会审记录应一式六份，并应由建设单位、勘察单位、设计单位、监理单位、施工单位、城建档案馆各
　　保存一份，表中勘察、设计单位签字栏为项目专业设计负责人的签字，建设单位、施工单位签字栏应为项目技术负责人或
　　相关专业负责人签字，监理单位应为总监理工程师签字。

表 2-19　工程洽商记录

工程洽商记录

湘质监统编
施 2015—34

工程名称：　　　　　　　　　　　　　　　　　　　　　编号：

施工单位		专业名称	
提出单位名称		日　期	年　月　日

序号	图号	洽　商　内　容

建设单位(项目负责人)：	专业监理工程师：	设计负责人：	项目技术负责人：
年　月　日	年　月　日	年　月　日	年　月　日

注:本表由提出洽商单位填写,建设单位、监理单位、设计单位、施工单位、城建档案馆各保存一份。涉及工程变更的洽商记录,必须将拍摄工程变更前后对比情况的照片作为附件一并上报。

表2-20　工程变更单

工 程 变 更 单

湘质监统编

施2015—35

工程名称：　　　　　　　　　　　　　　　　　　　　　　　编号：

致：＿＿＿＿＿＿＿＿＿＿＿＿＿＿＿＿	
由于＿＿＿＿＿＿＿＿＿＿＿＿＿＿＿＿＿＿＿＿＿＿＿＿＿＿＿＿＿＿＿＿＿＿＿原因，	
兹提出＿＿＿＿＿＿＿＿＿＿＿＿＿＿＿＿＿＿＿＿＿＿＿＿＿＿＿＿＿工程变更，请予以审批。	
附件：	
□　变更内容	
□　变更设计图	
□　相关会议纪要	
□　其他	
	变更提出单位：
	负责人：
	年　月　日

工程量增/减	
费用增/减	
工期变化	

施工项目经理部(盖章) 项目经理(签字) 　　　　　　　　年　月　日	设计单位(盖章) 设计负责人(签字) 　　　　　　　　年　月　日
项目监理机构(盖章) 总监理工程师(签字) 　　　　　　　　年　月　日	建设单位(盖章) 负责人(签字) 　　　　　　　　年　月　日

注：涉及工程变更的工程变更单,必须将拍摄工程变更前后对比情况的照片作为附件一并上报。

表 2-21 设计变更通知单上竣工图责任登记表

设计变更通知单上竣工图责任登记表

湘质监统编
施 2015—36a

（本表适用于设计单位下发的设计变更通知单）

工程名称：   共   页 第   页

序号	日期	编号	页数	修改的主要内容	变更涉及的竣工图图号	变更上图责任人签名	备注
	年 月 日						
	年 月 日						
	年 月 日						
	年 月 日						
	年 月 日						
	年 月 日						
	年 月 日						
	年 月 日						
	年 月 日						
	年 月 日						
	年 月 日						
	年 月 日						
	年 月 日						
	年 月 日						

施工单位核查意见： 记录人： 项目技术负责人： （项目部章） 年 月 日	监理（建设）单位核查意见： 总监理工程师（建设 单位项目技术负责人）： （项目部章） 年 月 日

注：本表填写必须确保设计单位下发至本工程设计变更通知单资料的完整性，变更内容上竣工图的责任人必须逐项签字；施工单位项目技术负责人要确保竣工图中变更上图的真实性和准确性。

表 2-22　工程变更及洽商记录上竣工图责任登记表

工程变更及洽商记录上竣工图责任登记表

湘质监统编

施 2015—36b

（本表适用建设单位与施工单位产生的变更及洽商记录）

工程名称：　　　　　　　　　　　　　　　　　　　　　　　共　　页第　　页

序号	变更洽商记录单号	页数	主 要 变 更 洽 商 内 容	变更涉及的竣工图号	变更上图责任人签名	备 注

施工单位核查意见： 记录人： 项目技术负责人： （项目部章） 年 月 日	监理(建设)单位核查意见： 总监理工程师(建设 单位项目技术负责人)： （项目部章） 年 月 日

注：本表填写必须确保建设单位、施工单位产生的本项目工程变更通知单或洽商记录(含图纸会审)资料的完整性，变更内容上竣工图的责任人必须逐项签字；施工单位项目技术负责人要确保竣工图中变更上图的真实性和准确性；与工程变更无关的变更不在本表记录范围。

表 2-1　工程竣工图编制质量核查表

工程竣工图编制质量核查表

湘质监统编
施 2015—37

工程名称：　　　　　　　　　　　　　　　　　　　　　　　　　编号：

施工单位	

竣工图纸 数量	建筑：_____张；　　结构：_____张；给排水及消防：_____张；电气：_____张；通风与空调与采暖：_____张；装饰装修：_____张；建筑智能：_____张，二次深化设计（钢构、幕墙、预应力等）：_____张。其他：_____张

核查项目		施工自检意见	监理核实意见
竣工 图三 章情况	是否有设计单位 出图专用章		
	是否有设计人员 执业注册章		
	是否有设计施工 图审查专用章		
竣工图章	签字人员是否 符合要求		
	签字是否有 代签现象		
变更上图 质量	设计变更是否按要求在竣 工图上全部正确标注、标识		
	竣工图上每一处变更是否 都标明了变更依据		
变更上图 责任	每一份设计变更通知单 责任人是否签字		
	每一份变更通知单及洽商 记录上责任人是否签字		
附注			

施工单位复查结果： 项目技术负责人： 　项目经理： 　　施工单位（公章） 年　月　日	监理单位核查意见： 总监理工程师： 　监理单位（公章） 年　月　日	建设单位核查意见： 项目技术负责人： 　项目负责人： 　　建设单位（公章） 年　月　日

注：变更上图责任情况可查阅《设计变更通知单上竣工图责任登记表》施（2015—36a）和《工程变更及洽商记录上竣工图责任登
　记表》（施 2015—36b）

表 2-24　工程开工报审表

工程开工报审表

湘质监统编

施 2015—38

工程名称：　　　　　　　　　　　　　　　　　　　　　　　　编号：

致：＿＿＿＿＿＿＿＿＿＿＿＿＿＿＿（建设单位）

　　＿＿＿＿＿＿＿＿＿＿＿＿＿＿＿（项目监理机构）

　　我方承担的＿＿＿＿＿＿＿＿＿＿＿工程，已完成相关准备工作，具备开工条件，申请于＿＿＿＿＿年＿＿＿＿月＿＿＿＿日开工，请予以审批。

　　附件：　证明文件资料

施工单位（盖章）

项目经理（签字）

年　　月　　日

审核意见：

项目监理机构（盖章）

总监理工程师（签字、加盖执业印章）

年　　月　　日

审批意见：

建设单位（盖章）

建设单位代表（签字）

年　　月　　日

表 2-25　单位工程开工报告

单位工程开工报告

湘质监统编
施 2015—39

工 程 名 称		工 程 地 点			
建 筑 面 积		结构类型		层数	
建 设 单 位		工程造价		承包方式	
施 工 单 位		计划进场人数		实际进场人数	
预定开工日期	年　月　日	计划竣工日期		年　月　日	
国家定额工期		合同协议竣工日期	年　月　日		检查情况

单位工程开工的基本条件	设计经过审查、图纸已会审	
	道路基本畅通	
	场地平整基本就绪	
	现场供电供水已通	
	施工组织设计(施工方案)经过批审	
	(1)施工技术措施已确定	
	(2)施工图纸预算和施工预算已编制完毕	
	(3)主要材料已进场,并能保证供应	
	(4)成品、半成品加工构件能保证供应	
	(5)主要施工机具设备已进场	
	(6)劳动力落实,进度计划已编制	

施工单位意见:	监理单位意见:	建设单位意见:
负责人:	负责人:	负责人:
(盖行政公章)　　年　月　日	(盖行政公章)　　年　月　日	(盖行政公章)　　年　月　日

表 2-26 工程复工报审表

工程复工报审表

湘质监统编
施 2015—40

工程名称：_____ 　　　　　　　　　　　　　　　　　编号：

致：_____（项目监理机构）

　　编号为 _____《工程暂停令》所停工的 _____ 部位,现已满足复工条件,我方申请于

_____ 年 _____ 月 _____ 日复工,请予以审批。

附件：证明文件资料

　　　　　　　　　　　　　　　　　　　　施工项目经理部（盖章）

　　　　　　　　　　　　　　　　　　　　　　项目经理（签字）

　　　　　　　　　　　　　　　　　　　　　　　　　年　　　月　　　日

审核意见：

　　　　　　　　　　　　　　　　　　　　项目监理机构（盖章）

　　　　　　　　　　　　　　　　　　　　总监理工程师（签字）

　　　　　　　　　　　　　　　　　　　　　　　　　年　　　月　　　日

审批意见：

　　　　　　　　　　　　　　　　　　　　　建设单位（盖章）

　　　　　　　　　　　　　　　　　　　　建设单位代表（签字）

　　　　　　　　　　　　　　　　　　　　　　　　　年　　　月　　　日

注：本表一式三份,项目监理机构、建设单位、施工单位各一份。

表 2-27　工 程 开 工 令

工 程 开 工 令

湘质监统编
施 2015—41

工程名称：　　　　　　　　　　　　　　　　　　　　　　　　　编号：

致：＿＿＿＿＿＿＿＿＿＿＿＿＿＿＿＿＿（施工单位）：

　　经审查,本工程已具备施工合同约定的开工条件,现同意你方开始施工,开工日期为：＿＿＿＿＿年

＿＿＿＿＿月＿＿＿＿＿日。

　　附件：工程开工报审表

项目监理机构（盖章）

总监理工程师（签字、加盖执业章）

年　月　日

表 2-28 工 程 暂 停 令

工 程 暂 停 令

湘质监统编
施 2015—42

工程名称：　　　　　　　　　　　　　　　　　　　　　　　　　　　　编号：

致：＿＿＿＿＿＿＿＿＿＿＿＿＿＿＿＿＿＿＿＿＿＿＿＿＿（施工项目经理部）

　　由于＿＿＿＿＿＿＿＿＿＿＿＿＿＿＿＿＿＿＿＿＿＿＿＿＿＿＿＿＿＿＿＿＿＿＿＿

＿＿＿＿＿＿＿＿＿＿＿＿＿＿＿＿＿＿＿＿＿＿＿＿＿＿＿原因，现通知你方于

＿＿＿＿＿年＿＿＿＿月＿＿＿＿日＿＿＿＿时起，暂停对＿＿＿＿＿＿＿＿＿＿＿＿＿＿＿

部位（工序）施工，并按下述要求做好后续工作：

　　要求：

项目监理机构（盖章）

总监理工程师（签字、加盖执业章）

年　月　日

表 2-29 工 程 复 工 令

工 程 复 工 令

湘质监统编

施 2015—43

工程名称：＿＿＿＿＿＿＿＿＿＿＿＿＿＿＿＿＿＿＿＿＿＿＿＿＿＿＿ 编号：

致：＿＿＿＿＿＿＿＿＿＿＿＿＿＿＿＿＿＿＿＿＿＿＿＿＿＿（施工项目经理部）

我方发出的编号为＿＿＿＿＿《工程暂定令》要求暂停施工的＿＿＿＿＿＿＿＿＿＿＿＿＿＿＿＿＿部位（工序），经查已具备复工条件，经建设单位同意，现通知你方于＿＿＿＿年＿＿＿＿月＿＿＿＿日＿＿＿＿时起恢复施工。

附件：工程复工报审表

项目监理机构（盖章）

总监理工程师（签字、加盖执业章）

年   月   日

表 2-3　工程临时/最终延期报审表

工程临时/最终延期报审表

湘质监统编

施 2015—44

工程名称：　　　　　　　　　　　　　　　　　　　　　　　　　　　编号：

致：＿＿＿＿＿＿＿＿＿＿＿＿＿＿＿＿＿＿＿＿（项目监理机构）

　　根据施工合同＿＿＿＿＿＿＿＿＿（条款），由于＿＿＿＿＿＿＿＿＿＿＿＿＿＿＿

原因，我方申请工程临时/最终延期＿＿＿＿＿＿＿＿＿（日历天），请予批准。

　　附件：（1）工程延期依据及工期计算

　　　　　（2）证明材料

施工项目经理部（盖章）

项目经理（签字）

年　　　月　　　日

审核意见：

　　□ 同意临时或最终延长工期＿＿＿＿＿＿＿＿＿（日历天）。工程竣工日期从施工合同约定的＿＿＿＿＿＿

年＿＿＿＿＿月＿＿＿＿＿日延迟到＿＿＿＿＿年＿＿＿＿＿月＿＿＿＿＿日。

　　□ 不同意延长工期，请按约定竣工日期组织施工。

项目监理机构（盖章）　　　　　　　　总监理工程师（签字、加盖执业印章）

年　　　月　　　日

审批意见：

建设单位（盖章）

建设单位代表（签字）

年　　　月　　　日

表 2-31　施工进度计划报审表

施工进度计划报审表

湘质监统编
施 2015—45

工程名称：

编号：001

致：_____（项目监理机构）

　　根据施工合同约定,我方已完成_____工程施工进度计划的编制,请予以审查批准。

　　　　附件：□ 施工总进度计划

　　　　　　　□ 阶段性进度计划

施工项目经理部（盖章）

项目经理（签字）

年　　月　　日

审查意见：

专业监理工程师（签字）

年　　月　　日

审核意见：

项目监理（建设）机构（盖章）

总监理工程师（建设单位项目技术负责人）（签字）

年　　月　　日

表 2-32 工程款支付报审表

工程款支付报审表

湘质监统编
施 2015—46

工程名称：   编号：

致：_____（项目监理机构） 　　根据施工合同约定,我方已完成_____工作,建设单位应在_____年_____月 _____日前支付工程款共计(大写)_____ (小写:_____),请予以审核。   　　附件：　☐ 已完成工程量报表 　　　　　　☐ 工程竣工结算证明材料 　　　　　　☐ 相应支持性证明文件   　　　　　　　　　　　　　　　施工项目经理部(盖章) 　　　　　　　　　　　　　　　项目经理(签字) 　　　　　　　　　　　　　　　　　　　　　　年　　月　　日
审查意见： 　　(1)施工单位应得款为： 　　(2)本期应扣款为： 　　(3)本期应付款为： 　　附件:相应支持性材料 　　　　　　　　　　　　　　　专业监理工程师(签字) 　　　　　　　　　　　　　　　　　　　　　　年　　月　　日
审核意见：   　　　　　　　　　　　　　　　项目监理机构(盖章) 　　　　　　　　　　　　　　　总监理工程师(签字、加盖执业印章) 　　　　　　　　　　　　　　　　　　　　　　年　　月　　日
审批意见：   　　　　　　　　　　　　　　　建设单位(盖章) 　　　　　　　　　　　　　　　建设单位代表(签字) 　　　　　　　　　　　　　　　　　　　　　　年　　月　　日

表 2-33　工程变更、洽商费用报审表

工程变更、洽商费用报审表

湘质监统编

施 2015—47

工程名称：　　　　　　　　　　　　　　　　　　　　　　　　　　编号：

致：＿＿＿＿＿＿＿＿＿＿＿＿＿＿＿＿＿＿＿＿＿＿（监理机构）
依据工程变更、洽商记录，＿＿＿年＿＿＿月＿＿＿日第＿＿＿号的变更，申请费用如下表，请予以审核批准。   　　　　　　　　　　　　　　　　　　　　　　项目经理： 　　　　　　　　　　　　　　　　　　　　　　　　年　月　日

项目名称	变　更　前			变　更　后			工程款 增（＋）减（－）
	工程量	单价/元	合价/元	工程量	单价/元	合价/元	

项目监理机构审核意见： 总监理工程师： 　　　　　　年　月　日	建设单位审定意见： 建设单位代表： 　　　　　　年　月　日

注：本表由施工单位填报，经项目监理机构审查签认后，并由建设单位审定后，建设单位、监理单位、施工单位各存一份。

表 2-34　费用索赔报审表

费用索赔报审表

湘质监统编

施 2015—48

工程名称：　　　　　　　　　　　　　　　　　　　　　　　　　　　　编号：

致：＿＿＿＿＿＿＿＿＿＿＿＿＿＿＿＿＿＿＿＿＿＿＿（项目监理机构）

　　根据施工合同＿＿＿＿＿＿＿＿条款，由于＿＿＿＿＿＿＿＿＿＿＿＿＿＿＿＿＿＿

的原因，我方申请索赔金额（大写）＿＿＿＿＿＿＿＿＿＿＿＿＿＿＿＿请予批准。

　　索赔理由：＿＿＿＿＿＿＿＿＿＿＿＿＿＿＿＿＿＿＿＿＿＿＿＿＿＿＿＿＿＿＿＿

＿＿＿＿＿＿＿＿＿＿＿＿＿＿＿＿＿＿＿＿＿＿＿＿＿＿＿＿＿＿＿＿＿＿＿＿＿＿＿

＿＿＿＿＿＿＿＿＿＿＿＿＿＿＿＿＿＿＿＿＿＿＿＿＿＿＿＿＿＿＿＿＿＿＿＿＿＿＿

＿＿＿＿＿＿＿＿＿＿＿＿＿＿＿＿＿＿＿＿＿＿＿＿＿＿＿＿＿＿＿＿＿＿＿＿＿＿＿

　　附件：　□ 索赔金额计算

　　　　　　□ 证明材料

　　　　　　　　　　　　　　　　　　施工项目经理部（盖章）

　　　　　　　　　　　　　　　　　　项目经理（签字）

　　　　　　　　　　　　　　　　　　　　　　年　　月　　日

审核意见：

□ 不同意此项索赔。

□ 同意此项索赔，索赔金额为（大写）＿＿＿＿＿＿＿＿＿＿＿＿＿＿＿

同意／不同意索赔的理由：＿＿＿＿＿＿＿＿＿＿＿＿＿＿＿＿＿＿＿＿＿＿＿＿＿＿

＿＿＿＿＿＿＿＿＿＿＿＿＿＿＿＿＿＿＿＿＿＿＿＿＿＿＿＿＿＿＿＿＿＿＿＿＿＿＿

＿＿＿＿＿＿＿＿＿＿＿＿＿＿＿＿＿＿＿＿＿＿＿＿＿＿＿＿＿＿＿＿＿＿＿＿＿＿＿

＿＿＿＿＿＿＿＿＿＿＿＿＿＿＿＿＿＿＿＿＿＿＿＿＿＿＿＿＿＿＿＿＿＿＿＿＿＿＿

附件：　□ 索赔审查报告

　　　　　　　　　　　　　　　　项目监理机构（盖章）

　　　　　　　　　　　　　　　　总监理工程师（签字、加盖执业印章）

　　　　　　　　　　　　　　　　　　　　　　年　　月　　日

审批意见：

　　　　　　　　　　　　　　　　建设单位（盖章）

　　　　　　　　　　　　　　　　建设单位代表（签字）

　　　　　　　　　　　　　　　　　　　　　　年　　月　　日

表 2-35　工程款支付证书

工程款支付证书

湘质监统编
施 2015—49

工程名称：　　　　　　　　　　　　　　　　　　　　　编号：

致：＿＿＿＿＿＿＿＿＿＿＿＿＿＿＿＿＿＿＿＿＿＿（施工单位）

　　根据施工合同约定,经审核编号为＿＿＿＿＿＿＿＿＿＿＿＿工程款支付报审表,扣除有关款项后,同意支付该款项共计(大写)＿＿＿＿＿＿＿＿＿＿＿＿＿＿(小写：＿＿＿＿＿＿＿)。

　　其中：

　　(1) 施工单位申报款为：

　　(2) 经审核施工单位应得款为：

　　(3) 本期应扣款为：

　　(4) 本期应付款为：

　　附件：工程款支付报审表及附件

项目监理机构(盖章)

总监理工程师(签字、加盖执业印章)

年　月　日

注：本表一式三份,项目监理机构、建设单位、施工单位各一份。

表 2-36　索赔意向通知书

索赔意向通知书

湘质监统编
施 2015—50

工程名称：　　　　　　　　　　　　　　　　　　　　　　　　　　　　　　　　编号：

致：_____

　　根据《建设工程施工合同》_____（条款）的约定，由于发生了事件，且该事件的

发生非我方原因所致。为此，我方向_____（单位）提出索赔要求。

　　附件：索赔事件资料

　　　　　　　　　　　　　　　　　　　　　　　　提出单位(盖章)

　　　　　　　　　　　　　　　　　　　　　　　　负 责 人(签字)

　　　　　　　　　　　　　　　　　　　　　　　　　年　月　日

模块 **3**

施工记录文件

表 3-1　建筑结构隐蔽工程验收记录

建筑结构隐蔽工程验收记录

湘质监统编
施 2015—51

工程名称：　　　　　　　　　　验收日期：　　年　月　日　　　　编号：

分项工程名称：		子分部工程名称：	隐蔽部位：
项目经理：		施工技术负责人：	施工图号：
施工执行标准名称及编号：			
隐蔽工程部位(轴线、标高)	数量	施工单位全数检查情况及说明	监理(建设)单位验收记录

施工单位全数检查评定结果：

项目专业质量检查员：　　　　　　项目专业技术负责人：　　　　　　　年　月　日

监理(建设)单位验收结论：

　　　　　　　　　　　　　　　　　　　　　　　　　　　监理(建设)项目部(章)

专业监理工程师(建设单位项目技术负责人)：　　　　　　　　　年　月　日

　　　　　　勘察设计技术交底会议等列入须经设计人员参与隐蔽验收的部位签证

勘察设计单位参加验收人意见：

　　　　　　　　验收人签名：　　　　　　　　　　　　　　年　月　日

注：①该记录由施工项目专业质量检查员填写，监理工程师(建设单位项目技术负责人)组织项目专业技术负责人等进行验收。
　　②记录时应首先说明是否按设计图号施工，如有设计变更应立即在备用竣工图纸上用红色文字注明变更情况或绘制变更补充图；凡有、无设计变更，监理(建设)单位的旁站监督人均应在备用竣工图号上签字认可后，才能办理该部位隐蔽验收手续；③隐蔽验收时，必须严格按国家施工质量验收规范的主控项目，一般项目的内容要求全数检查，凡有不合格处必须当即整改达到合格后才能办理隐蔽验收手续；④检查评定结论必须语言规范，并针对主控项目、一般项目，特别是结构构造措施的内容要求，填写真实可靠的结果或结论，隐蔽部位要拍摄现场照片作为该记录附件。

表 3-2　隐蔽工程验收记录

隐蔽工程验收记录

湘质监统编

施 2015—52

（通用）

工程名称：　　　　　　　　　　验收日期：　　年　月　日　　　编号：

隐蔽项目		隐蔽日期	年　月　日
隐蔽部位			

隐蔽依据：根据图号＿＿＿＿＿，设计变更/洽商/技术核定单（编号＿＿＿＿＿＿）及有关国家现行标准等。

主要材料名称及规格/型号：

隐检内容：

检查意见及结论：

□ 同意隐蔽　　　　　□ 不同意隐蔽，修改后复查

复查结论：

复查人：　　　　　　　　复查日期：　　　　　　　　年　　月　　日

施工单位全数检查评定结果：

项目专业质量检查员：　　　　　项目专业技术负责人：　　　　年　　月　　日

监理（建设）单位验收结论：

监理（建设）项目部（章）

专业监理工程师（建设单位项目技术负责人）：　　　　　　年　　月　　日

注：①该记录由施工项目专业质量检查员填写，监理工程师（建设单位项目技术负责人）组织项目专业技术负责人等进行验收。②记录时应首先说明是否按设计图号施工，如有设计变更应立即在备用竣工图纸上用红色文字注明变更情况或绘制变更补充图；凡有、无设计变更，监理（建设）单位的旁站监督人均应在备用竣工图号上签字认可后，才能办理该部位隐蔽验收手续。③隐蔽验收时，必须严格按国家施工质量验收规范的主控项目进行验收，一般项目的内容要求全数检查，凡有不合格处必须整改达到合格后才能办理隐蔽验收手续。④检查评定结论必须语言规范，并针对主控项目、一般项目，特别是结构构造措施的内容要求，填写真实可靠的结果或结论。隐蔽部位要拍摄现场照片作为该记录附件。

表 3-3　建设工程现场隐蔽和变更情况照片贴页

建设工程现场隐蔽和变更情况照片贴页

湘质监统编
施 2015—53

工程名称：

照片栏

拍摄时间：	工程隐蔽/变更部位：	编号：

照片内容：

照片栏

拍摄时间：	工程隐蔽/变更部位：	编号：

照片内容：

监理工程师(建设单位项目部专业负责人)签字	施工单位现场施工员签字	设计单位项目设计工程师	照片拍摄者

注：本贴页用于工程隐蔽或工程变更实际现场情况的照片记录；工程隐蔽验收和变更施工必须拍摄照片存档。照片栏可贴 5 寸彩色照片，也可通过计算机将电子照片导入文档中再进行彩色打印。本照片贴页未经相关人员签字无效。

表3-4 工程预检记录

工程预检记录

湘质监统编
施 2015—54

工程名称： 编号：

施工单位		预检部位	
检查项目		施工图纸 （施工图纸号）	
预检内容			
检查情况			
处理意见			
参加检查人员签字				
施工项目 技术负责人	测量员	质量员	施工员	班组长	监理工程师(建设项目 专业技术负责人

预检内容：(1)模板：内容包括几何尺寸、轴线、高程、预埋件及预留位置、模板牢固性、清扫口留置、模内清理、脱模剂涂刷、止水要求、节点做法、放样检查。(2)预制构件吊装：内容包括构件型号、外观检查、楼板堵孔、清理、锚固、构件支点的搁置长度、高程、垂直偏差等。(3)设备基础：包括设备基础位置、高程、几何尺寸、预留孔、预埋件等。(4)混凝土工程结构施工缝留置方法、位置和接槎的处理等。(5)非隐蔽管道、设备安装位置：内容包括位置，高程，坡度，材质，防腐，支架形式，规格及安装方法，孔洞位置，预埋件规格、形式和尺寸、位置。(6)机电明配管线(包括能进入吊顶内管线)：内容包括品种、规格、位置、高程、固定、防腐、保温、外观处理等。(7)变配电装置，高低压电源进出口方向、电缆位置、高程等。(8)机电表面器具(包括开关、插座、灯具、风口、卫生器具等)：内容包括位置、高程等。(9)油漆工程：内容包括除锈、基底清理等。

表 3-5　施工检查记录

施 工 检 查 记 录

湘质监统编
施 2015—55

编号：

工程名称		检查项目	
检查部位		检查日期	年　月　日

检查依据：

检查内容：

检查结论：

复查意见：

复查人：　　　　　　　　　　　　　　　　　　复查日期：　　　年　月　日

专业技术负责人	质量员	专业工/班长
签名：	签名：	签名：
年　月　日	年　月　日	年　月　日

注：本表由施工单位自控使用。

表3-6 交接检查记录

交 接 检 查 记 录

湘质监统编
施 2015—56

工程名称：

编号：

移交单位名称			接收单位名称			
交接部位		结构类型		检查日期	年 月 日	

交接内容：

检查结果及意见：

简图及说明：

移交单位项目技术负责人	接收单位项目技术负责人	专业监理工程师（建设单位项目技术负责人）
年　　月　　日	年　　月　　日	年　　月　　日

表 3-7　现场交桩登记表

现场交桩登记表

湘质监统编
施 2015—57
编号：001

工程名称		作业时间		工程负责人		交桩时间	

说明：

(1) 我方只向委托方交桩。

(2) 交桩后一周内，委托方必须进行检测，否则桩位移动或破坏，我方概不负责。

(3) 如有疑问请及时联系。

(4) 本表原件一式三份，建设方、监理方、施工方各留一份。

交桩单位（盖章）：　　　　　经办人（签名）：　　　　　接桩单位（盖章）：　　　　　经办人（签名）：

表3-8 工程定位测量记录

工程定位测量记录

湘质监统编
施 2015—58

工程名称：　　　　　　　　　　　　　　　　　　　　　编号：

施工单位		图纸编号	
施测日期	年　月　日	复测日期	年　月　日
平面坐标依据		高程依据	
使用测量仪器		测量人员 岗位证书号	
允许误差		仪器校验日期	年　月　日

定位测量平面图：

复测结果：

监理(建设)单位	项目技术负责人	质量员	施测人
总监理工程师(建设 单位项目负责人)： 　　年　月　日	签名： 年　月　日	签名： 年　月　日	签名： 年　月　日

注：规模较大的工程项目可另附定位测量平面图。

表 3-9 基槽验线记录

基 槽 验 线 记 录

湘质监统编
施 2015—59

工程名称：   编号：

施工单位		验线日期	年 月 日
验线依据及内容：			
基槽平面、剖面简图：			
检查意见：			

监理(建设)单位	专业技术负责人	测量负责人	复测人	施测人
专业监理工程师（建设单位项目专业负责人）：	签名： 年 月 日	签名： 年 月 日	签名： 年 月 日	签名： 年 月 日

表 3-10　楼层平面放线记录

楼层平面放线记录

湘质监统编
施 2015—60

工程名称：　　　　　　　　　　　　　　　　　　　　　　　编号：

施工单位		放线日期	年　月　日
放线部位		放线内容	

放线依据：

放线简图：

检查意见：

监理(建设)单位	项目技术负责人	质量员	施测人
专业监理工程师(建设单位项目专业负责人)： 年　月　日	签名： 年　月　日	签名： 年　月　日	签名： 年　月　日

表 3-11　楼层标高抄测记录

楼层标高抄测记录

湘质监统编
施 2015—61

工程名称：　　　　　　　　　　　　　　　　　　　　　　　　　　　编号：001

施工单位		日　期	年　月　日
抄测部位		抄测内容	

抄测依据：

抄测说明及抄测范围：

检查意见：

监理（建设）单位	项目技术负责人	质量员	施测人
专业监理工程师 （建设单位项目专 业技术负责人）： 　　年　月　日	签名： 　年　月　日	签名： 　年　月　日	签名： 　年　月　日

表 3-12　建筑物沉降、变形观测测量记录

建筑物沉降、变形观测测量记录

湘质监统编

施 2015—62a

共　页　第　页

工程名称		观测日期	自　年　月　日
			至　年　月　日

观测点平面布置图及说明：

施工单位观测结果：	监理(建设)单位核查结论：
	项目专业监理工程师(建设单位项目技术负责人)：
施工单位项目专业技术负责人：	
	监理(建设)项目部(章)
年　月　日	年　月　日

注：如果竣工验收时观测点的沉降、变形尚未稳定,应交代清楚有关继续观测直至稳定为止的事项。固定水准点
　　应按规定设置、保护好;建筑物上的观测点应布置合理,水平间距应符合规定要求,并在平面图上标注其尺寸。

表 3-13 建筑物垂直度、标高观测测量记录

建筑物垂直度、标高观测测量记录

湘质监统编
施 2015—63

共　页　第　页

工程名称		观测日期	年　月　日							
观测时施工 形象进度：		施工单位专职测量员、记录员： 监理(建设)单位旁站监督人：								
观测点 编　号	观测部位 (柱、墙 轴线等)	结构层或全高 顶面标高/m		实测高度 /m		最大垂直 偏差/mm		最大垂 直度/(%)		偏差	倾斜 方向
		设计	实测	层高	总高	层高	总高	层高	总高		
1											
2											
3											
4											
5											
6											
7											
8											
9											
10											
11											
12											
观测点平面布置简图及说明：											
施工单位观测结果：			监理(建设)单位核查结论：								
施工单位项目 专业技术负责人：　　　年　月　日			项目专业监理工程师 (建设单位项目技术负责人)：				监理(建设)项目部(章) 　　　年　月　日				

注：①房屋结构层及全高顶面标高,指室外地坪面到每层结构层的楼板板顶和到主要屋面板板顶的标高(不考虑局部突出屋顶
　　部分)。②层高是指结构层上、下楼板的板顶至板底的距离,总高是指室外地坪面至结构施工层楼板板顶的高度。③层高、
　　总高的高度及最大垂直偏差、垂直度等观测测量,应及时在每层结构层完工时进行;全高顶面标高、垂直度观测测量,应
　　及时在主体完工时进行。④施工单位应根据建筑测量定位放线的规定要求另附详细平面布置图及其观测测量手簿。

湘质监统编

施 2015—64a

编号：001

表 3-14 桩成孔验收记录

桩 成 孔 验 收 记 录

工程名称：

验收日期： 年 月 日

| 桩孔编号 | 标高/m | | 孔径/m | 孔深/m | 桩孔体积/m³ | 扩大头几何尺寸/m | | | 桩位偏差/mm | | | | 垂直度偏差/mm | 桩底情况 |
	孔顶	孔底 持力层顶				直径	总高度	弧形高度	东	南	西	北		

建设单位	监理单位	勘察单位	施工单位
项目技术负责人：	总监理工程师：	项目负责人：	项目技术负责人： 质量员：
（项目部章）	（项目部章）		（项目部章）
年 月 日	年 月 日	年 月 日	年 月 日

注：本表格适用于人工挖孔桩和旋挖桩。

表 3-15　单桩垂直度及桩位偏差记录

单桩垂直度及桩位偏差记录

湘质监统编

施 2015—64b

编号：001

工程名称：

测量日期：　　　年　　　月　　　日

桩号	偏位情况				垂直度	桩号	偏位情况				垂直度	桩号	偏位情况				垂直度
	东	南	西	北			东	南	西	北			东	南	西	北	

监理（建设）单位		施工单位	
专业监理工程师（建设单位项目专业负责人）： 　　　年　　　月　　　日		专业技术负责人： 　　　年　　　月　　　日	施测人： 　　　年　　　月　　　日	复检人： 　　　年　　　月　　　日

注：本表适用于除人工挖孔桩和旋挖桩以外的桩基工程；测量在桩基竣工验收前进行。

表 3-16　施工控制测量成果报验表

施工控制测量成果报验表

湘质监统编
施 2015—65

工程名称：　　　　　　　　　　　　　　　　　　　　　　　　　　编号：

致：_____（项目监理机构）
我方已完成_____的施工控制测量,经自检合格,请予以查验。 　附件：(1)施工控制测量依据资料 　　　　(2)施工控制测量成果表   施工项目经理部(盖章) 项目技术负责人(签字) 　　　　　　　　年　　月　　日
审查意见：   项目监理(建设)机构(盖章) 专业监理工程师(建设 单位项目技术负责人)(签字) 　　　　　　　　年　　月　　日

注：本表一式三份,项目监理机构、建设单位、施工单位各一份。

表 3-17　基坑支护变形监测记录

基坑支护变形监测记录

湘质监统编
施 2015—66

工程名称：　　　　　　　　　　　　　　　　　　　　　　　编号：

基坑支护部位		支护日期	年　月　日	支护方案编号	
施工单位		验收日期	年　月　日	监测单位	
支护验收结果		监理工程师		监测开始日期	年　月　日

设计方案规定控制变形值/mm：

变形监测记录（实际变形值）/mm								监测人员签字
监测次数	测量时间	A	B	C	D	E	F	
1								
2								
3								
4								
5								
6								
7								
8								

监测点简图：

　　实际变形值必须控制在设计控制值内，如发生超出控制值等异常情况，应及时处理，必须达到正常情况后再继续施工。

监理（建设）单位	施工（监测）单位：
专业监理工程师 （建设单位项目专 业技术负责人）： 　　　　年　月　日	项目技术负责人：　　　　　　监测人： 　　　　　　　　　　　　　　　　年　月　日

表 3-18 桩基、支护测量放线记录

桩基、支护测量放线记录

湘质监统编
施 2015—67

工程名称： 编号：

施工单位		放线日期	年 月 日
放线部位		放线内容	

放线依据：

放线测量说明及简图：

检查结论：

查合格　　　　　　　检查不合格,修改后复查

复查结论：

复查人： 复查时间：

监理(建设)单位	专业技术负责人	质量员	施测人
专业监理工程师 (建设单位项目 专业技术负责人)： 　年　月　日	签名： 　年　月　日	签名： 　年　月　日	签名： 　年　月　日

表 3-19 锚杆、土钉施工记录

锚杆、土钉施工记录

湘质监统编
施 2015—68
编号：001

工程名称：

部位及编号	成孔情况				锚杆、土钉			注浆情况			备注
	成孔时间	钻孔倾角/°	孔深/m	孔径/mm	长度/m	直径/mm	注浆时间	注浆/m²	注浆压力/MPa	浆料强度	

施工单位自检情况：

质量员：
项目技术负责人：

年　月　日

监理（建设）单位验收意见：

专业监理工程师（建设单位项目专业负责人）：

年　月　日

表 3-20　锚索施工记录

锚索施工记录

湘质监统编
施 2015—69
编号：001

工程名称：

| 部位及 | 成孔情况 | | | | 锚杆 | | | 注浆情况 | | | | 备 注 |
编 号	成孔时间	钻孔倾角/°	孔深/m	孔径/mm	规格	长度/m	注浆时间	注浆/m³	注浆压力/MPa	浆料强度	

监理（建设）单位验收意见：

施工单位自检情况：

　　　　　　　　　　　　　　质量员：

　　　　　　　　　　　　　　项目技术负责人：

专业监理工程师（建设单位项目专业负责人）：

　　　　　　　　年　月　日　　　　　　　　　　　　　　年　月　日

表 3-21　地基验槽检查记录

地基验槽检查记录

湘质监统编

施 2015—70

工程名称：　　　　　　　　　　　　　　　　　　　　　　　　　　编号：

施工单位		设计单位	
监理单位		勘察单位	
验槽部位		验槽日期	年　月　日

验槽依据：　　　　　施工图纸编号：　　　　　　　　及规程、规范。

设计变更编号：

验槽内容：

　　(1) 持力层与设计(勘察报告)相符性：

　　(2) 基底标高：

　　(3) 土质情况：

　　(4) 桩位置：　　　　　　　　　，桩类型：　　　　　　　，数量：　　　　　。

　　(5) 承载力情况或土壤密实度情况：

　　(附施工记录、土壤密实度测量记录、桩检测报告)

检查意见：

施工项目技术负责人：	建设(项目)负责人：	专业监理工程师：	设计(项目)负责人：	勘察(项目)负责人：
年　月　日	年　月　日	年　月　日	年　月　日	年　月　日

表 3-22 地 基 钎 探 记 录

地 基 钎 探 记 录

湘质监统编

施 2015—71

工程名称： 编号：

施工单位		工程数量	
检验部位		钎探日期	年 月 日 至 年 月 日

钎探技术要求：

桩号或井号	锤 击 数					应检点	实检点
	0～30/cm	30～60/cm	60～90/cm	90～120/cm	120～150/cm		
地基高程							

示意图

（可另附图）

监理（建设）单位验收意见	施工单位自检情况：
专业监理工程师（建设单位项目专业负责人）：　　　　年　月　日	质量员： 项目技术负责人：　　　　年　月　日

表 3-23 预拌混凝土施工记录

预拌混凝土施工记录

湘质监统编
施 2015—72

工程名称： 天气： 温度： 共 页 第 页

砼浇捣部位（轴线、标高及构件名称）：		砼设计强度：	MPa
预拌砼生产单位名称		联系电话	

浇捣时间：自 年 月 日 时 分开始，至 月 日 时 分终止，连续浇捣砼量：

初凝时间：	配合比试块推算强度		MPa

预拌混凝土电子出料单	

施 工 事 项 检 查 落 实 情 况

1	预拌混凝土厂家提供的质量证明资料是否齐全：
2	钢筋绑扎及支模体系是否符合要求：
3	管线的预留、预埋、预设是否符合设计要求：
4	浇水养护时间、覆盖方式等情况交代检查：
5	坍落度共检查： 次，其检查值(cm)分别为：
6	留置砼试块共： 组。其中，标准强度试验： 组，抗渗试验： 组，同条件养护试验： 组，拆模同条件养护试验： 组。

检查落实情况说明：	记录是否真实可靠：
施工单位项目 专业技术负责人： 年 月 日	监理（建设） 单位旁站监督人： 监理（建设）项目部（章） 年 月 日

注：(1)该记录由施工单位填写；对现浇钢筋砼构件应有专人跟踪调整钢筋偏位。管线安装专业在浇筑砼施工同时应派专人进行施工。(2)同条件养护试块分为：用于砼强度评定的同条件养护试块和用于拆模的同条件养护试块。

表3-24　现拌混凝土施工记录

现拌混凝土施工记录

湘质监统编

施 2015—73

工程名称：　　　　　　　　　　　　天气：　　温度：　　　共　页 第　页

砼浇捣部位（轴线、标高及构件名称）：	砼设计强度：　　　　MPa

同时启用搅拌机台数：　　台	搅拌机规格型号：	每台班砼生产量：

浇捣时间：自　　年　月　日　时　分开始，至　　月　日　　时　　分终止，连续浇捣砼量：

试验室设计配合比：水泥：水：砂：石＝　　　　配合比试块推算强度：　　MPa

材料名称	品种规格	按每包水泥重量换算施工用料重量/kg	按每盘砼重量换算施工用料重量/kg
水　泥			
水			
细骨料			
粗骨料			
外加料			
外加剂			
外加剂			

施　工　事　项　检　查　落　实　情　况		
1	搅拌机操作人员姓名：	
2	粗、细骨料等材料堆放是否符合规定要求：	
3	计量工具、计量手段、监控措施是否符合规定要求：　　每盘砼是否按重量比做到盘盘称量：	
4	浇水养护时间、覆盖方式等情况交代检查：	
5	坍落度共检查：　　次，其检查值（cm）分别为：　　；砂、石含水率分别为　　%、　　%	
6	留置砼试块共：　　组。其中，标准强度试验：　　组，抗渗试验：　　组，同条件养护试验：　　组。	

检查落实情况说明：	记录是否真实可靠：

施工单位项目 专业技术负责人：　　　　年 月 日	监理（建设）单位　　　监理（建设）项目部（章） 旁站监督人：　　　　年 月 日

注：（1）该记录由施工单位填写；对现浇钢筋砼构件应有专人跟踪调整钢筋偏位。管线安装专业在浇筑砼施工同时应派专人进行施工。

（2）同条件养护试块分为：用于砼强度评定的同条件养护试块和用于拆模的同条件养护试块。

表 3-25　混 凝 土 浇 灌 令

混 凝 土 浇 灌 令

湘质监统编
施 2015—74

工程名称：　　　　　　　　　　　　　　　　　　　　　　　　　编号：

施工单位		分部工程名称	
浇灌部位			
浇灌日期	计划　年 月 日　时	核定　年 月 日　时	
浇灌条件检查核实内容	施工自检意见	监理核实意见	
隐蔽工程记录签证情况			
预留预埋件情况			
模板稳固性及湿润情况			
混凝土配合比			
混凝土施工机械及运输机械情况完好			
水源、电源、保障情况			
附　注			
栋号长（项目经理）		专业监理工程师（建设单位项目专业负责人）	

注：混凝土配合比中有掺和料时，须由试验确定。

表 3-26　混凝土开盘鉴定

混凝土开盘鉴定

湘质监统编

施 2015—75

工程名称：　　　　　　　　　　　　　　　　　　　　　　　　编号：

浇筑部位			浇筑方式		
施工单位			搅拌方式		
强度等级			要求坍落度 /mm		
配合比编号			试配单位		
水灰比			砂率/（％）		
材料名称	水泥	砂	石	水	外加剂	掺和料
每盘用料/kg						
调整后每盘用料 /kg	砂含水率：　　　％			石含水率　　　％		

鉴定结果	鉴定项目	混凝土拌和物性能			混凝土试块 抗压强度 /MPa	原材料与申请单 是否相符
		坍落度	保水性	黏聚性		
	设计					
	实测					

鉴定结论：

监理工程师（建设 单位项目专业负责人）	混凝土试配单位负责人	施工项目技术负责人	搅拌机组负责人

开　盘　日　期	年　　月　　日

表 3-27　混凝土拆模申请表

混凝土拆模申请表

湘质监统编
施 2015—76

工程名称：　　　　　　　　　　　　　　　　　　　　　　　编号：

申　请 拆模部位						
混凝土 强度等级		混凝土浇筑 完成时间		申　请 拆模日期		年　月　日
构件类型 （在选择构件类型处划"√"）						
墙	柱	板： □ 跨度≤2 m □ 2 m<跨度≤8 m □ 跨度>8 m	梁： □ 跨度≤8 m □ 跨度>8 m	□ 悬臂构件		
拆模时混凝土强度要求		龄期 /d	同条件混凝 土抗压强度 /MPa	达到设计 强度等级 /（%）		强度报告 编　号
应达到设计强度的 _____%（或_____MPa）						
施工项目部意见： 　　　　　　　　　　项目技术负责人：　　　　　　　年　　月　　日						
项目监理机构审查意见： 　　　　　　项目专业监理工程师 　　　　　（建设单位项目技术负责人）：　　　　年　　月　　日						

表 3-28　混凝土养护测温记录

混凝土养护测温记录

湘质监统编

施 2015—77

工程名称：　　　　　　　　　　　　　　　　　　　　　　　　　编号：

部　位		养护方法						测温方式		

测温时间			大气温度/℃	各测孔温度/℃									平均温度/℃	间隔时间/h	备　注
月	日	时		1	2	3	4	5	6	7	8	9			
				上	中	下	上	中	下	上	中	下			

项目技术负责人：	质量员：	测温：
年　月　日	年　月　日	年　月　日

附测温点分布图。

表 3-29　大体积混凝土测温记录

大体积混凝土测温记录

湘质监统编
施 2015—78

工程名称：　　　　　　　　　　　　　　　　　　　　　　　编号：

部　位				养护方法							测温方式		
测温时间			大气温度/℃	各测孔温度/℃									平均温度/℃	间隔时间/h	备　注
月	日	时		1	2	3	4	5	6	7	8	9			
				上	中	下	上	中	下	上	中	下			

项目技术负责人： 　年　月　日	质量员： 　年　月　日	测温： 　年　月　日

附测温点分布图。

表 3-30　结构实体强度用同条件养护试件测温记录

结构实体强度用同条件养护试件测温记录

湘质监统编

施 2015—79

工程名称：　　　　　　　　　　　　　　　　　　　　　　　　　　　　编号：

试件部位							日　期		
第一次温度	第二次温度	第三次温度	第四次温度	平均温度	天数	累计温度	年　　月　　日		
							年　　月　　日		
							年　　月　　日		
							年　　月　　日		
							年　　月　　日		
							年　　月　　日		
							年　　月　　日		
							年　　月　　日		
							年　　月　　日		
							年　　月　　日		
							年　　月　　日		
							年　　月　　日		
							年　　月　　日		
							年　　月　　日		
							年　　月　　日		
							年　　月　　日		
							年　　月　　日		
							年　　月　　日		
							年　　月　　日		
							年　　月　　日		

测温人：　　　　　　　　　　　　　　　　　　技术负责人：

注：①大气测温取 1 天内 2、8、14、20 时等 4 次室外气温实测结果的平均值；

　　②气温在地面以上 1.5 m，并远离热源的地方测得；

　　③测温最长时间不超过 60 天，最短不少于 14 天，0 ℃以下不计入，测温结束以累计达 600 ℃时完成，送检与试验时间在测温结束后的次日进行。

表3-31　结构用砼试块强度评定验收记录

结构用砼试块强度评定验收记录

湘质监统编
施 2015—80

工程名称：　　　　结构部位：　　　　砼强度标准值 $f_{cu,k}=$　　MPa　　编号：

同一验收批砼试块的抗压强度值/MPa							

合计以上试块组数 $n=$　　　,其中最小值 $f_{cumin}=$　　　MPa,平均值 $Mf_{cu}=$　　MPa

一、采用统计法(二)评定砼强度必须符合下列两式规定：

$M_{fcu} \geq f_{cu,k} + \lambda_1 \cdot S_{fcu}$　　①　　　　$f_{cu,min} \geq \lambda_2 * f_{cu,k}$　　②

其中：$\lambda_1=$　　　,$\lambda_2=$　　　,$S_{fcu}=\sqrt{\dfrac{1}{n-1}\sum\limits_{i=1}^{n}(f_{cu,i}^2 - M_{fcu}^2)}=$

S_{fcu} 的计算值小于 2.5 N/m 时,取 $S_{fcu}=$　　2.5 N/m

代入①、②式计算：

　　代入①式：　　$M_{fcu}=$　　　　$f_{cu,k}+\lambda_1 \cdot S_{fcu}=$

　　符合①式：　　$M_{fcu} \geq f_{cu,k}+\lambda_1 \cdot S_{fcu}$

　　代入②式：　　$f_{cu,min}=$　　　　$\lambda_2 f_{cu,k}=$

　　符合②式：　　$f_{cu,min} \geq \lambda_2 \cdot f_{cu,k}$

二、采用非统计法评定砼强度必须符合下列两式规定：

$M_{fcu} \geq \lambda_3 \cdot f_{cu,k}$　　①　　　　$f_{cu,min} \geq \lambda_4 \cdot f_{cu,k}$　　②

验收评定结论：

　　依据《混凝土强度检验评定标准》(GB/T 50107—2010)的要求,该批混凝土试块强度评定为：

施工单位计算人： 施工单位复核人： (项目部章) 　　年　月　日	项目总监理工程师(建设 单位项目专业技术负责人)： 　　　　　监理(建设)项目部(章) 　　年　月　日

注：① 准标差 S_{fcu} 的计算值小于 2.5 N/mm² 时,取 $S_{fcu}=2.5$ N/mm²,S_{fcu} 精确到 0.01 N/mm²；

　　② 有可靠标准差参数且连续生产的砼可采用统计方法(二)评定；

　　③ 合格评定系数 λ_1、λ_2、λ_3、λ_4 的取值如下：

N(组数)	10～14	15～19	≥20
λ_1	1.15	1.05	0.95
λ_2	0.9	0.85	0.85

砼强度等级	<C60	≥C60
λ_3	1.15	1.1
λ_4	0.95	0.95

表 3-32　砌体砂浆试块强度评定验收记录

砌体砂浆试块强度评定验收记录

湘质监统编

施 2015—81

工程名称：　　　　　　　　　　　　　　结构部位：

砂浆品种：						砂浆设计强度 $f_{m,k}=$		
同一验收批砂浆试块的抗压强度值/MPa								

合计以上试块组数 $n=$　　　　　，其中最小值 $f_{cu,min}=$　　　　　，平均值 $M_{fcu}=$

同批砂浆强度评定：

一、同一类型、同强度等级砂浆各组试块的平均强度 $M_{fcu} \geqslant 1.10 f_{m,k}$

　　$M_{fcu}=$　　　　MPa　　　　　　　　$1.10 f_{m,k}=$　　　　MPa

　　符合 $M_{fcu} \geqslant 1.10 f_{m,k}$

二、同一验收批试块的最小值 $f_{m,min} \geqslant 0.85 f_{m,k}$

　　$f_{m,min}=$　　　　　　　　　　　　$0.85 f_{m,k}=$

　　符合 $f_{m,min} \geqslant 0.85 f_{m,k}$

验收评定结论：

　　依据《砌体结构工程施工质量验收规范》(GB 50203—2011)的要求,该批砌体砂浆试块强度评定为：

施工单位计算人： 施工单位复核人： 　　　　　　　(项目部章) 　　　　　年　月　日	项目总监理工程师(建设 单位项目专业技术负责人)： 　　　　监理(建设)项目部(章) 　　　　　年　月　日

注:(1)砂浆强度按单位工程内同一类型,同强度等级的砂浆为一验收批。(2)同一验收批砂浆试块强度平均值应大于或等于
　　设计强度等级值的1.10倍。(3)同一验收批砂浆试块抗压强度的最小一组平均值应大于或等于设计强度等级值的85％。
　　(4)验收批中同一类型、强度等级的砂浆试块不应少于3组,同一验收批只有1组或2组试块时,每组试块抗压强度平均值
　　应大于或等于设计强度等级值的1.10倍;对于建筑结构安全等级为一级或设计使用年限为50年及以上的房屋,同一验收
　　批砂浆试块的数量不得少于3组。

表 3-33　预制构件吊装记录

预制构件吊装记录

湘质监统编
施 2015—82

工程名称：　　　　　　　　　　　　　　　　　　　　　　　　编号：

使用部位				吊装日期		年　　月　　日	
序号	构件名称及编号	安装位置	安装检查				备注
			搁置与搭接尺寸	接头（点）处理	固定方法	标高检查	

结论：

监理（建设）单位		施工单位		
专业监理工程师（建设单位项目技术负责人）：		专业技术负责人：	质量员：	记录人：

表 3-34　焊接材料烘焙记录

焊接材料烘焙记录

湘质监统编

施 2015—83

工程名称：　　　　　　　　　　　　　　　　　　　　　　　编号：

焊材牌号		规格/mm		焊材厂家		
钢材材质		烘焙方法		烘焙日期	年　月　日	

序号	施焊部位	烘焙数量/kg	烘焙要求					保温要求		备注
			烘干温度/℃	烘干时间/h	实际烘焙			降至恒温/℃	保温时间/h	
					烘焙日期	从时分	至时分			

说明：

(1) 焊条、焊剂等在使用前，应按产品说明书及有关工艺文件规定的技术要求进行烘干。

(2) 焊接材料烘干后应存放在保温箱内，随用随取，焊条由保温箱(筒)取出到施焊的时间不得超过 2 h，酸性焊条不宜超过 4 小时。烘干温度为 250～300 ℃。

专业技术负责人	质量员	记录人

表3-35 钢筋闪光对焊接头施工质量检查验收记录

钢筋闪光对焊接头
施工质量检查验收记录

湘质监统编

施 2015—84

工程名称：　　　　　　施工单位：　　　　　　焊机容量：　　kVA　编号：

钢筋牌号及直径：	焊接接头数量：　个	焊工姓名及考试合格证号：	
随机切取试件数：　根	力学性能试验结果：	施焊时间:自　年　月　日　时至　日　时	
第＿＿＿＿批外观质量检查情况(检验批构件部位及名称)：			
《钢筋焊接及验收规程》(JGJ 18—2012)的规定	施工单位检查评定记录	监理(建设)单位 验收记录	
1. 接头表面应呈圆滑、带毛刺状，不得有肉眼可见的裂纹			
2. 与电极接触处的钢筋表面不得有明显烧伤			
3. 接头处的弯折角不得大于2			
4. 接头处的轴线偏移，不得大于钢筋直径的1/10,且不得大于1 mm			

工程名称：××实验大楼　　　施工单位：　　　　　焊机容量：　　kVA 编号：

钢筋牌号及直径：	焊接接头数量：　个	焊工姓名及考试合格证号：
随机切取试件数：　根	力学性能试验结果：	施焊时间:自　年　月　日　时至　日　时
第＿＿＿＿批外观质量检查情况(检验批构件部位及名称)：		
《钢筋焊接及验收规程》(JGJ 18—2012)的规定	施工单位检查评定记录	监理(建设)单位 验收记录
1. 接头表面应呈圆滑、带毛刺状，不得有肉眼可见的裂纹		
2. 与电极接触处的钢筋表面不得有明显烧伤		
3. 接头处的弯折角不得大于2		
4. 接头处的轴线偏移，不得大于钢筋直径的1/10,且不得大于1 mm		
施工单位检查评定结果：	监理(建设)单位验收结论：	
项目专业技术负责人：　　　年　月　日	项目专业监理工程师(建设单位项目技术负责人)：　　　年　月　日	监理(建设)项目部(章)

施工单位检查记录人：　　　　　　　　监理(建设)单位旁站监督人：

注:①该记录一页可检查验收两个检验批;②外观检查结果,当有一个接头不符合要求时,应对全部接头进行检查,剔除不合格接头,切除热影响区后重新焊接。

表 3-36　钢筋电弧焊接头施工质量检查验收记录

钢筋电弧焊接头
施工质量检查验收记录

湘质监统编

施 2015—85

工程名称：　　　　　　施工单位：　　　　　　焊条牌号及直径：

钢筋牌号及直径：	焊接接头数量：　个	焊工姓名及考试合格证号：
随机切取试件数：　根	力学性能试验结果：	施焊时间:自　年　月　日至　日

第_____批外观质量检查情况(检验批构件部位及名称)：

《钢筋焊接及验收规程》(JGJ 18—2012)的规定	施工单位检查评定记录	监理(建设)单位验收记录
1. 焊缝表面应平整,不得有凹陷或焊瘤		
2. 焊接接头区域不得有肉眼可见的裂纹		
3. 焊缝余高应为 2～4 mm		
4. 咬边深度、气孔、夹渣等缺陷允许值及接头尺寸的允许偏差,应符合表 5.5.2 的规定		

钢筋电弧焊接头尺寸偏差及缺陷允许值　　　　　　表 5.5.2

名　称		单位	接头形式		
			帮条焊	搭接焊	坡口焊窄间隙焊熔槽帮条焊
帮条沿接头中心线的纵向偏移		mm	$0.3d$	—	—
接头处弯折角		°	2	2	2
接头处钢筋轴线的偏移		mm	$0.1d$	$0.1d$	$0.1d$
焊缝厚度		mm	1	1	1
焊缝宽度		mm	$+0.1d$	$+0.1d$	—
焊缝长度		mm	$-0.3d$	$-0.3d$	—
咬边深度		mm	0.5	0.5	0.5
在长 2d 焊缝表面上的气孔及夹渣	数量	个	2	2	—
	面积	m	6	6	—
在全部焊缝表面上的气孔及夹渣	数量	个	—	—	2
	面积	m	—	—	6

施工单位检查评定结果：	监理(建设)单位验收结论：	
项目专业技术负责人：　　　年 月 日	项目专业监理工程师(建设单位项目技术负责人)：　　年 月 日	监理(建设)项目部(章)　　年 月 日

施工单位检查记录人：　　　　　　　　监理(建设)单位旁站监督人：

注：①d 为钢筋直径(mm)；②负温电弧焊接头咬边深度不得大于 0.2mm；③外观检查不合格的接头,经修整或补强后可提交二次验收。

表 3-37　钢筋电渣压力焊接头施工质量检查验收记录

钢筋电渣压力焊接头
施工质量检查验收记录

湘质监统编

施 2015—86

工程名称：　　　　　施工单位：　　　　　焊条牌号：

钢筋牌号及直径：	焊接接头数量：　　个	焊工姓名及考试合格证号：
随机切取试件数：　　根	力学性能试验结果：	施焊时间：自　年　月　日至　日

第　　批外观质量检查情况(检验批构件部位及名称)：

《钢筋焊接及验收规程》(JGJ 18—2012)的规定	施工单位检查评定记录	监理(建设)单位验收记录
1. 四周焊包凸出钢筋表面的高度,当钢筋直径为 25 mm 及以下时,不得小于 4 mm；当钢筋直径为 28 mm 及以上时,不得小于 6 mm		
2. 钢筋与电极接触处,应无烧伤缺陷		
3. 接头处的弯折角不得大于 2°		
4. 接头处的轴线偏移不得大于 1 mm		

工程名称：××实验大楼　　　　施工单位：　　　　　焊剂牌号：

钢筋牌号及直径：	焊接接头数量：　　个	焊工姓名及考试合格证号：
随机切取试件数：　　根	力学性能试验结果：	施焊时间：自　年　月　日至　日

第　　批外观质量检查情况(检验批构件部位及名称)：

《钢筋焊接及验收规程》(JGJ 18—2012)的规定	施工单位检查评定记录	监理(建设)单位验收记录
1. 四周焊包凸出钢筋表面的高度,当钢筋直径为 25 mm 及以下时,不得小于 4 mm；当钢筋直径为 28 mm 及以上时,不得小于 6 mm。		
2. 钢筋与电极接触处,应无烧伤缺陷		
3. 接头处的弯折角不得大于 2°		
4. 接头处的轴线偏移不得大于 1 mm		

施工单位检查评定结果：	监理(建设)单位验收结论：	
项目专业技术负责人：　　年　月　日	项目专业监理工程师(建设单位项目技术负责人)：	监理(建设)项目部(章) 年　月　日

施工单位检查记录人：　　　　　　　　　　监理(建设)单位旁站监督人：

注:该记录一页可检查验收两个检验批；外观检查不合格的接头应切除重焊,或采取补强焊接措施。

表3-37　钢筋直螺纹连接接头施工质量检查验收记录

钢筋直螺纹连接接头
施工质量检查验收记录

湘质监统编

施 2015—87

工程名称：	施工单位：	焊条牌号：

钢筋直径：	焊接接头数量：　　　　个	操作工姓名：
随机切取试件数：　　　根	力学性能试验结果：	安装时间：

外观质量检查情况（检验批构件部位及名称）：

《钢筋焊接及验收规程》(JGJ 107—2016)的规定	施工单位检查评定记录	监理(建设)单位验收记录
1. 丝头牙形饱满，无断牙、秃牙缺陷，且与牙形规的牙形吻合，牙形表面光洁		
2. 套筒丝头与镦头吻合，镦头钢筋端部应切平或镦平后加工螺纹，镦粗头不得有与钢筋轴线相垂直的横向裂纹		
3. 安装接头时可用管钳扳手拧紧，应使钢筋头在套筒中央位置相互顶紧		
4. 钢筋与连接套的规格一致，外露有效丝扣牙数在3牙之内		

工程名称：××实验大楼	施工单位：	焊条牌号：

钢筋直径：	焊接接头数量：　　　　个	操作工姓名：
随机切取试件数：　　　根	力学性能试验结果：	安装时间：

外观质量检查情况（检验批构件部位及名称）：

《钢筋焊接及验收规程》(JGJ 107—2016)的规定	施工单位检查评定记录	监理(建设)单位验收记录
1. 丝头牙形饱满，无断牙、秃牙缺陷，且与牙形规的牙形吻合，牙形表面光洁		
2. 套筒丝头与镦头吻合，镦头钢筋端部应切平或镦平后加工螺纹，镦粗头不得有与钢筋轴线相垂直的横向裂纹		
3. 安装接头时可用管钳扳手拧紧，应使钢筋头在套筒中央位置相互顶紧		
4. 钢筋与连接套的规格一致，外露有效丝扣牙数在3牙之内		

施工单位检查评定结果：	监理(建设)单位验收结论：	
项目专业技术负责人：　　　　　年　月　日	项目专业监理工程师(建设单位项目技术负责人)：	监理(建设)项目部(章)　　　年　月　日

施工单位检查记录人：　　　　　　　　　　　　　　监理(建设)单位旁站监督人：

注：①该记录一页可检查验收两个检验批；②外观检查结果，当有一个接头不符合要求时，应对全部接头进行检查，剔除不合格接头。

表 3-39　焊接施工外观检查记录

焊接施工外观检查记录

湘质监统编
施 2015—88

工程名称：　　　　　　　　　　　　　　　　　　　　　　　　　　　　编号：

施工单位		编　号							
检查部位		检查日期	年　月　日						
检查项目	允许偏差	实测偏差							
焊满要求	$\leqslant 0.2+0.02t$ 且 $\leqslant 1.0$								
根部收缩	$\leqslant 0.2+0.02t$ 且 $\leqslant 1.0$								
咬边	$\leqslant 0.05t$ 且 $\leqslant 0.5t$ 且焊缝两侧咬边总长 $\leqslant$ 10％焊缝全长								
弧坑裂纹	不允许								
电弧擦伤	不允许								
接头不良	缺口深度 $0.05t$ 且 $\leqslant 0.5$								
表面夹渣	不允许								
表面气孔	不允许								
对接焊缝余高	$B<20$　$0\sim 3.0$ $B\geqslant 20$　$0\sim 4.0$								
对接焊缝错边	$d<0.15t$ 且 $\leqslant 2.0$								
焊脚尺寸	$h_f \leqslant 6;0\sim 1.5$ $h_f>6;0\sim 3.0$								
角焊缝余高	$h_f \leqslant 6;0\sim 1.5$ $h_f>6;0\sim 3.0$								
检查说明： 表中 t 表示连接处较薄的板厚，d 表示接口错边，B 表示焊缝宽度，h_f 表示焊脚高度。									
焊接工艺员		质量检查员				记录员			

表 3-40　屋面蓄水(淋水)试验及地下室防水效果检查记录

屋面蓄水(淋水)试验及地下室防水效果检查记录

湘质监统编

施 2015—89

工程名称：

共　页　第　页

层面防水工程施工单位：		
地下室防水工程施工单位：		
试验内容	屋面蓄水最大深度　　mm,最小深度　　mm,蓄水时间自　月　日　　时至　月　日　　时。 屋面雨水或淋水时间自　月　日　　时至　月　日　　时。 室外地下水位最高时间自　年　月　日　　时至　年　月　日　　时。	
检查情况	第一次观察、检查屋面时间自　月　日　　时至　月　日　　时,检查结果(有无渗漏、积水等情况)： 第二次观察、检查屋面时间自　月　日　　时至　月　日　　时,检查结果(有无渗漏、积水等情况)： 观察、检查地下室防水效果时间自　月　日　　时至　月　日　　时,检查结果(有无渗漏、积水等情况)：	
	施工单位 检查人：	监理(建设)单位 旁站监督人：　　　　　　　　　年　月　日
施工单位复查结果： 施工单位项目 专业技术负责人： 项目部(章) 年　月　日	监理(建设)单位核查意见： 项目专业监理工程师(建设单位项目技术负责人)： 监理(建设)项目部(章)：　　　年　月　日	

注：该记录系根据《屋面工程质量验收规范》(GB 50207—2012)及《地下防水工程质量验收规范》(GB 50208—2011)的有关规定制订。屋面工程验收应有雨后或持续淋水或蓄水检验记录,屋面蓄水时间不应小于 24h,雨水或持续淋水不应小于 2h,然后每隔 3h 检查一次是否有渗漏和积水等情况。地下室的变形缝、施工缝、后浇带、穿墙管道、埋设件等设置构造严禁渗漏。

表 3-41 地漏安装、卫生间、阳台、厨房地面泼水检查记录

地漏安装、卫生间、阳台、厨房地面泼水检查记录

湘质监统编
施 2015—90
共 页 第 页

工程名称：　　　　　户数：　　　　　层数：

单元层次	地漏芯安装检查			浴间、厨房、卫生间坡向检查			敞开阳台地面坡向检查		
	检(复)查数量	质量情况/间	检查日期	检(复)查数量	质量情况/间	检查日期	检(复)查数量	质量情况/间	检查日期
		合格　不合格	年　月　日		合格　不合格	年　月　日		合格　不合格	年　月　日

检查存在主要问题：

施工单位复查意见：

返修情况：

施工单位检查人：

监理（建设）单位核查意见：

施工单位劳务监督人：　　　　　监理（建设）单位旁站监督人：

施工单位项目专业技术负责人：

项目专业监理工程师（建设单位项目技术负责人）：

监理（建设）项目部（章）：

年　月　日　　　　　年　月　日

注：按单元、层逐户检查填写。

表 3-42 浴间、卫生间、厨房等有防水要求的地面蓄水试验记录

浴间、卫生间、厨房等有防水要求的地面蓄水试验记录

工程名称：　　　　　　　　　　　　　　　　　　　　　　　　　　层数：　　　　户数：　　　　共 页 第 页

湘质监统编

施 2015—91

单元层次	蓄水时间（>24h）	最小蓄水高度/mm	蓄水最大高度/mm	检（复）查数量/间	渗漏情况/间		施工单位检查人	旁站监督人	检查日期
					无渗漏	有渗漏			
									年 月 日

检查存在主要问题：

返修情况：

施工单位复查意见：

监理（建设）单位核查意见：

施工单位项目专业技术负责人：　　　　　　　　　　年 月 日

项目专业监理工程师（建设单位项目技术负责人）：

监理（建设）项目部（章）：　　年 月 日

注：应在防水层完成后至交工前，按单元、层逐户检查填写。

表 3-43 室内净高,室内与阳台、走廊、卫生间、厨房地面高差检查记录

室内净高、室内与阳台、走廊、卫生间、厨房地面高差检查记录

湘质监统编
施 2015—92

共 页 第 页

工程名称：

检查日期： 年 月 日

检查单元	住户编号	检查间数	房间净高检查/m		楼梯间净高检查/m		室内与相邻房间地面高差检查/m								检查情况	
			设计净高	实际净高	过道净高	楼段净高	走廊		阳台		卫生间		厨房		合格处/间	不合格处/间
楼层							设计高差	实际高差	设计高差	实际高差	设计高差	实际高差	设计高差	实际高差		

检查存在主要问题：

返修后检查情况：

施工单位检查人： 监理(建设)单位旁站监督人： 施工单位复查人： 监理(建设)单位旁站监督人：

施工单位复查意见： 施工单位复查意见：

监理(建设)单位核查意见： 监理(建设)单位核查意见：

施工单位项目专业技术负责人： 年 月 日 项目专业监理工程师(建设单位项目技术负责人)： 年 月 日

监理(建设)项目部(章)：

年 月 日

注：该记录应按单元、层逐户检查填写；过道净高指楼梯平台上部及下部过道处的净高,其值不应小于 2m；楼段净高不应小于 2.2m。

表 3-44　防水工程试水检查记录

防水工程试水检查记录

湘质监统编
施 2015—93

工程名称：　　　　　　　　　　　　　　　　　　　　　编号：

施工单位				
检查部位			检查日期	年　月　日
检查方式	□第一次蓄水	□第二次蓄水	蓄水时间	从　月　日　时 至　月　日　时
	□淋水　　　□蓄水　　　□雨期观察			

检验方法及内容：

检验结果：

专业监理工程师（建设单位项目专业技术负责人）： 年　月　日	施工单位	
	质量员： 年　月　日	施工员： 年　月　日

表 3-45　外墙外窗淋水检查记录

外墙外窗淋水检查记录

湘质监统编
施 2015—94

工程名称：　　　　　　　　　　　　　　　　　　　　　编号：

检查部位	
检查日期	年　月　日

检查日期	年　月　日	淋水时间	

检查方法及内容	

检查结果	

施工单位	专业质量检查员： 专业技术负责人： 年　月　日	监理（建设）单位	专业监理工程师（建设单位项目技术负责人）： 年　月　日

表 3-46　通风(烟)道、垃圾道检查记录

通风(烟)道、垃圾道检查记录

湘质监统编
施 2015—95

工程名称：　　　　　　　　　　　　检查日期：　年　月　日　　　共　页　第　页

楼层	单元房号	主体及检查门材质	风道内壁	排风实验	进风口检查	出屋面做法	检(复)查人	旁站监督人

检查情况：	复查情况：
施工单位检查结果： 施工单位项目 专业技术负责人：　　　　　年　月　日	监理(建设)单位核查结论： 监理(建设)项目部(章) 项目专业监理工程师(建 设单位项目技术负责人)：　　　　年　月　日

注：①全数检查；②主体及检查门为非燃烧体材料；③内壁尺寸应符合设计要求，且光滑无渗漏；④排风试验应无倒灌涡流；⑤
　　进风口应有网体；⑥出屋面应有防倒灌、防雨、防雷措施；⑦垃圾道可参照该记录检查。

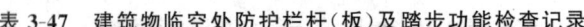

表 3-47　建筑物临空处防护栏杆(板)及踏步功能检查记录

建筑物临空处防护栏杆(板)及踏步功能检查记录

湘质监统编
施 2015—96

工程名称：　　　　　　　　　　　　表一　　　　　　　　　共　页　第　页

检查部位	栏杆(板)高度、垂直杆净距/m						栏杆离地 0.1m 内是否有留空	栏杆是否牢固、不易攀登	备注
	规定高度	实测高度	不合格处数	规定净距	实测净距	不合格处数			
上人屋面									
室外楼梯									
外廊阳台									
室内楼梯									
回廊天井									

表二　　　　　　　检查日期：　　　　年　月　日

检查单元楼层	外墙窗台高度/mm			台阶、楼梯踏步宽度相邻两步之差/mm				备注
	规定高度	实测高度	不合格处数	实测宽度	实测高度	实测高差	不合格处数	

施工单位检查人：	监理(建设)单位旁站监督人：
施工单位复查结果：	监理(建设)单位核查结论：
施工单位项目专业技术负责人：　　　　年　月　日	项目专业监理工程师(建设单位项目技术负责人)：　　　监理(建设)项目部(章)　　　　年　月　日

注：①该记录应在全数检查的基础上填写其实测的最大、最小值；②栏杆离地是指离地面或屋面 0.1m 高度内不得留空，楼梯水平段栏杆长度大于 0.5m 时，其高度应按回廊、天井栏杆规定的高度检查；③按强制性条文规定踏步宽度不应小于 0.26m，高度不应大于 0.175m，相邻两步高差不大于 15mm；④每个梯段的踏步一般不应超过 18 级，亦不应小于 3 级，如违反此情况应写入核查意见并要求处理好。

表3-48　预应力空心板预制构件验收记录

预应力空心板预制构件验收记录

湘质监统编
施2015—97

验收日期：　　年　月　日

共　　页　第　　页

监理(建设)单位		工程名称	
施工单位		构件名称	
构件生产单位		构件标准图号	
构件规格型号		构件安装部位	
构件生产日期	年　月　日	出厂合格证编号	
构件进场日期	年　月　日	构件砼试块试验报告	
构件静载试验报告		构件钢筋试验报告	
构件钢筋规格		应力测定记录编号	
构件钢筋根数		构件放张记录编号	
构件外观质量		构件进场数量	
施工单位检查人		监理(建设)单位旁站监督人	
施工单位复查结果：		监理(建设)单位核查结论： 监理(建设)项目部(章)	
施工单位项目 专业技术负责人：　　　　　　　年　月　日		项目专业监理工程师(建 设单位项目技术负责人)： 　　　　　　　　　　年　月　日	

注:(1)外观质量检查包括:预应力空心板是否标注构件生产单位、生产日期、构件代号及砼外观几何尺寸、裂缝、板端堵头等。

(2)每进场一批空心板必须有一份记录,每层不少于一次记录。进场预应力空心板应全数检查。

(3)施工单位认真填写本记录,向监理(建设)单位申报验收,如果检查结果不符合标准要求,应注明处理情况。

表 3-49 施工现场预制构件验收记录

施工现场预制构件验收记录

湘质监统编
施 2015—98

工程名称：　　　　　　　　　　　　　　　　　　　　　　　　　　共　页　第　页

监理（建设）单位		验收日期	年 月 日
施工单位		构件名称	
构件生产单位		构件进场数量	
构件规格型号		构件标准图号	
构件生产日期	年 月 日	构件安装部位	
质量证明文件	构件厂家应提供证明文件和表面标识，混凝土强度检验报告，需要进行结构性能检验的预制构件，还应提供有效的结构性能检验报告	产品合格证编号： 混凝土强度检验报告份数： 结构性能检验报告编号：	
构件外观质量	是否有裂缝、蜂窝、夹渣、疏松、孔洞、露筋情况		
	外形缺陷情况：是否有缺棱掉角、棱角不直、翘曲不平、飞边凸肋等		
	连接部位缺陷：是否有构件连接处混凝土有缺陷及连接钢筋、连接件松动		
	外表：是否有构件表面麻面、掉皮、起砂		
构件尺寸位置	检查构件长度、宽度、高（厚）度、表面平整度、侧向弯曲、翘曲、对角线差		
	检查构件、预留洞、预留孔：中心线位置、孔尺寸		
	预埋件：预埋板中心线位置、平面高差、预埋螺栓、预埋套筒中心位置、预埋螺栓外露长度		
施工单位检查人		监理（建设）单位 旁站监督人	
施工单位验收结果：		监理（建设）单位核查结论： 监理（建设）项目部（章）	
施工单位项目 专业技术负责人：　　　　　年 月 日		项目专业监理工程师（建 设单位项目技术负责人）：　　　　年 月 日	

注：根据《混凝土结构工程施工质量验收规范》(GB 50204—2015)的规定：外观应全数检查；尺寸检查时，同一生产企业、同一品种的构件，不超过 100 个为一批，每批抽查构件数量的 5%，且不少于 3 件。

表 3-50 混凝土结构实体强度、钢筋保护层厚度检验记录

混凝土结构实体强度、钢筋保护层厚度检验记录

湘质监统编
施 2015—99

工程名称：　　　　　　　　　　结构类型　　　　　　　　编号：

施工单位：	项目经理：	项目技术负责人：

（一）实体砼强度检验（强度等级数量）：

强度等级	试件强度代表值/MPa				强度评定结果	监理（建设）旁站监督人验收意见

（二）实体钢筋保护层厚度检验（检测钢筋数量，其中梁：　　　根；板：　　　根）

构件类别		钢筋保护层厚度/mm		合格点率	评定结果	监理（建设）旁站监督人验收意见
		设计值	实测值			
梁	1					
	2					
	3					
	4					
板	1					
	2					
	3					
	4					

施工单位检查结果：	监理（建设）单位验收结论：
	监理（建设）项目部（章）
项目专业技术负责人：　　　　年　月　日	项目专业监理工程师（建设单位项目技术负责人）：　　　年　月　日

注：①本表中强度等级数量及梁类、板类构件数量应根据实际情况确定；②同条件养护试件的取样、留置、养护和强度代表值的确定应符合规范 10.1 节和附录 D 的规定；③表中与某一强度等级对应的试件强度代表值，上一行填写根据《混凝土强度检验评定标准》(GBLT 50107—2010)确定的数值，下一行填写乘以折算系数后的数值；④表中对每一强度等级可填写 10 组试件的强度代表值，试件的具体组数应根据实际情况确定；⑤同条件养护试件的留置组数、取样部位、放置位置、等效养护龄期、实际养护龄期和相应的温度测量等记录和资料应作为本表的附件；⑥表中对每一构件可填写 6 根钢筋的保护层厚度实测值，钢筋的具体数量应根据实际情况确定；⑦钢筋保护层厚度检验的结构部位、构件数量、检验方法和验收应符合规范 10.1 节和附录 E 的规定；⑧钢筋保护厚度检验的结构部位、构件数量、检测钢筋数量和位置等记录和资料应作为本表的附件。

表 3-51　预应力筋张拉记录(一)

预应力筋张拉记录(一)

湘质监统编

施 2015—100a

工程名称：　　　　　　　　　　　　　　　　　　　　　　　编号：

施工单位		张拉日期	年　月　日
施工部位		预应力类型	

预应力张拉程序及平面示意图：

张拉端锚具类型		固定端锚具类型	
预应力筋规格		抗拉强度/MPa	
设计控制应力/MPa		实际张拉力/MPa	
千斤顶编号		压力表编号	
混凝土设计强度/MPa		张拉时混凝土实际强度/MPa	

预应力筋计算伸长值：

预应力筋伸长值范围：

张拉记录值,见附表(二)

张拉结果：

项目专业监理工程师(建设单位项目技术负责人)：	施工单位	
	质量员：	预应力施工员：
年　月　日	年　月　日	年　月　日

表 3-52　预应力筋张拉记录（二）

预应力筋张拉记录（二）

湘质监统编

施 2015—100b

工程名称：　　　　　　　　　　　　　　　　　　　　　　编号：

张拉顺序编号	计算值	预应力筋张拉伸长率实测值/cm							备注
		一端张拉			另一端张拉				
		原长 L_1	实长 L_2	伸长 ΔL	原长 L_1'	实长 L_2'	伸长 $\Delta L'$	总伸长	

施工单位

施工部位

张拉日期　　年　月　日

预应力类型

质量员：　　　　　　　　　　　　　　　预应力施工员：

　　　　　　　　　　　　年　月　日　　　　　　　　　　　　　年　月　日

本表由施工单位填写，附在表（一）后。

表 3-53　有黏结预应力灌浆记录

有黏结预应力灌浆记录

湘质监统编
施 2015—101

工程名称：　　　　　　　　　　　　　　　　　　　　　　　　　编号：

施工单位		灌浆日期	年 月 日
施工部位			
灌浆配合比		灌浆要求 压力值	
水泥强度等级	进厂日期　年 月 日	复试报告编号	

灌浆点简图与编号：

灌浆点编号	灌浆压力值 /MPa	灌浆量 /L	灌浆点编号	灌浆压力值 （MPa）	灌浆量 /L

备注：

项目专业监理工程师（建 设单位项目技术负责人）：	施 工 单 位	
	质量员：	预应力施工员：
年 月 日	年 月 日	年 月 日

表 3-54　工程材料/构配件/设备供应单位资格报审表

工程材料/构配件/设备供应单位资格报审表

湘质监统编
施 2015—102

工程名称：　　　　　　　　　　　　　　　　　　　　　　　　　编号：

致：＿＿＿＿＿＿＿＿＿＿＿＿＿＿＿＿＿＿＿＿监理(建设)机构

　　根据工程需要和合同有关规定,经我方考察＿＿＿＿＿＿＿＿＿＿＿＿＿＿＿＿＿＿＿＿生产

厂家/供应单位,可提供＿＿＿＿＿＿＿＿＿＿＿＿＿＿＿＿＿＿＿工程材料/构配件/设备,用于

本工程＿＿＿＿＿＿＿＿＿＿＿＿＿＿＿＿＿＿(部位),请予以审查和批准。

附件:(1)厂家及供应商的资质材料、营业执照、企业资质证书、生产许可证复印件;

　　　(2)其他有关产品质量的证明文件;

　　　(3)供应商资质材料:营业执照、企业资质证书;

　　　(4)其他有关产品质量的证明文件。

　　　　　　　　　　　　　　　　　　　　　施工单位项目经理:

　　　　　　　　　　　　　　　　　　　　　　　　　　　年　　月　　日

项目监理(建设)机构审查意见:

　　　　　　　　　　　　　专业监理工程师:

　　　　　　　　　　　　　总监理工程师(建设

　　　　　　　　　　　　　单位项目技术负责人):　　　　　　　　(项目部章)

注:只能提供复印件的资格证明材料必须加盖提供单位的公章,厂家资格证明材料由销售单位代为提供的,要加盖销售单位公章。

表 3-55 工程材料、构配件、设备报审表

工程材料、构配件、设备报审表

湘质监统编
施 2015—103

工程名称：   编号：

致：＿＿＿＿＿＿＿＿＿＿＿＿＿＿＿＿＿＿＿＿＿＿（项目监理机构）

    于＿＿＿＿年＿＿＿＿月＿＿＿＿日进场的拟用于工程＿＿＿＿＿＿＿＿＿＿部位的＿＿＿＿＿＿＿

＿＿＿＿＿＿＿＿＿，经我方检验合格，现将相关资料报上，请予以审查。

＿＿

＿＿

请予以审核。

附件：(1)工程材料、构配件或设备清单；

     (2)质量证明文件；

     (3)自检结果。

                                     施工项目经理部(盖章)

                                   项目经理(签字)

                                           年 月 日

审查意见：

                                   项目监理(建设)机构(盖章)

                                   专业监理工程师(建设

                                   单位项目技术负责人)(签字)

                                         年 月 日

建筑、安装原材料、设备及配件产品进场验收记录

表 3-56 建筑、安装原材料、设备及配件产品进场验收记录

湘质监统编

施 2015—104

工程名称：

共 页 第 页

序号	产品名称	规格型号	生产厂家	批号	单位	进场数量	有无质量证明书	外观质量是否合格	是否抽样送检	施工单位验收人签名	旁站监督人签名
						年 月 日					

施工单位项目技术负责人：

总监理工程师（建设单位项目技术负责人：

监理（建设）项目部（章）

年 月 日

注：质量证明书是指该批产品出厂前的质量检验报告；外观质量是指国家标准规定该产品的外观质量；是否抽样送检是指按国家规定，需进行物理力学等安全、功能性检（试）验的产品是否抽样送检。

表 3-57 钢材质量证明抄件

钢材质量证明抄件

湘质监统编
施 2015—105

出具抄件单位：

抄送施工（建设）单位：

抄发日期： 年 月 日　　　编号：

原件存放单位	钢材牌号	规格	批（炉）号	化学成分					拉伸试验			冷弯试验 $d=a$ $\alpha=180°$	反复弯曲试验 $d=a$ 正弯 45° 反弯 23°	购出数量 /t
				碳 C	硅 Si	锰 Mn	磷 P	硫 S	屈服点 /MPa	抗拉强度 /MPa	延伸率 /（%）			
说明														

出具抄件单位（章）　　　　销售单位抄件经办人：

年 月 日

注：此抄件必须附钢筋原件的复印件才能有效，无材质证明原件可核对的钢材应视为非法产品；监理（建设）单位应在钢材进场时核查其铭牌与抄件是否相符或经销售单位核查其材质证明原件的真实性。

表 3-58　地基处理记录

地基处理记录

湘质监统编

施 2015—106

工程名称：　　　　　　　　　　　　　　　　　　　编号：

施工单位		日　期	年　月　日

处理依据及方式：

处理部位及深度（或用简图表示）：

处理结果：

检查意见：

检查日期：　　年　月　日

签字栏	监理（建设）单位	设计单位	勘察单位	施工单位		
				专业技术负责人	专业质量检查员	专业施工员

表3-59 天然地基(土方开挖)工程质量验收记录

天然地基(土方开挖)工程质量验收记录

湘质监统编
施2015—107

工程名称：　　　　　　　　　　　　　　　　　　　　　编号：

单位(子单位)工程名称						分部(子分部)工程名称		
施工单位				项目经理			验收部位	
施工执行标准名称及编号								

质量验收规范 GB 50202—2002 的规定			施工单位检查评定记录	监理(建设)单位验收记录
主控项目	1	标高	表6.2.4：	
	2	长度、宽度	表6.2.4：	
	3	基底土性	设计要求：	
	4	边坡	设计要求：	
一般项目	1	表面平整度	表6.2.4：	
	2			

表6.2.4 土方开挖工程质量检验标准(mm)

项目	项次	项目	允许偏差或允许值					检验方法	说明
			柱基基坑基槽	挖方场地平整		管沟	地(路)面基层		
				人工	机械				
主控项目	1	标高	−50	±30	±50	−50	−50	水准仪	说明：地(路)面基层的偏差只适用于直接在挖、填方上建设的地(路)面的基层。非建(构)筑物天然地基，其基底土性按一般项目检验。
	2	长度、宽度(由设计中心线向两边量)	+200 −50	+300 −100	+500 −100	+100	—	经纬仪，用钢尺量	
	3	基底土性	设计要求					观察或土样分析	
	4	边坡	设计要求					观察或用坡度尺检查	
一般项目	1	表面平整度	20	20	50	20	20	用2m靠尺和楔形塞尺检查	
	2								

勘察单位核验基底土性意见	勘察单位项目负责人：　　　　　　　　　　　　年　月　日
施工单位检查评定结果	专业工长(施工员)： 施工班组长： 项目专业质量检查员：　　　　　　　　　　　年　月　日
监理(建设)单位验收结论	监理工程师(建设单位 项目专业技术负责人)：　　　　监理(建设)项目部(章) 　　　　　　　　　　　　　　　　年　月　日

注：本表由施工项目质量检查员填写，监理工程师(建设单位项目技术负责人)组织项目专业质量(技术)负责人等进行验收。

表 3-60　强夯施工记录表

强夯施工记录表

湘质监统编

施 2015—108a

工程名称：　　　　　　　　　　　　　　　　　　　　　　　　编号：

施工单位			工程地址		
设计标高/m		夯前地面标高/m		场地平均夯沉量/cm	
地基土质		实际强夯面积/m²			
施工日期	年　月　日	起重设备			
夯锤尺寸/m		夯锤重量/t			

加固地层描述：

地下水类型及其水位标高

夯击遍数	单击夯击能/(kN·m)	夯击次数/击	夯击点数量/个	本遍夯击面积/m²	平均单元夯击能/(kN·m/m²)
1					
2					
3					
4					
5					
6					
7					
8					
9					
10					
满夯					

项目专业监理工程师（建设单位项目技术负责人）：	质量员：	记录：
年　月　日	年　月　日	年　月　日

表 3-61 强夯原始记录(附表)

强夯原始记录(附表)

湘质监统编

施 2015—108b

工程名称：   编号：

施工单位					试夯报告编号																
施工日期	年 月 日				锤重/t																
锤底直径/m					落距/m																

夯点编号	总夯沉量/cm	最后两击		起始点读数	各夯击次数下夯沉量读数/cm																
		夯沉量之差/cm	夯沉量/cm		1	2	3	4	5	6	7	8	9	10	11	12	13	14	15	16

质量员：	施工员：	记录：
年 月 日	年 月 日	年 月 日

表3-62 钻孔施工记录表

钻孔施工记录表

湘质监统编
施 2015—109

工程名称：

编号：

桩 孔 编 号		地 面 标 高/m		护 筒 顶 标 高/m		设计孔径/mm	
护筒埋 置深度		钻 机 机 高	mm	钻 机 编 号		设计孔深/m	
						开孔日期	年 月 日
钻头编号：		钻头直径：		钻头长度：	m	终孔日期	年 月 日
						先导长度：	cm
日 期	时 间		工作内容	上余	钻孔进尺/m		地质情况
	起	止			本 次	累 计	
年 月 日							泥浆比重
年 月 日							
年 月 日							
年 月 日							备 注
年 月 日							

钻具全长   主动钻杆长度：   机高：   钻孔长度：   钻具全长：   m

钻杆：

专业监理工程师(建设单位项目技术负责人)：   质量员：   记录：

年 月 日   年 月 日   年 月 日

表 3-63 基坑支护水平位移沉降变形施工监测记录

基坑支护水平位移沉降变形施工监测记录

湘质监统编
施 2015—110

工程名称：　　　　　　　　　　　　　　　　　　　　　　编号：

基坑支护部位		支护日期	年　月　日	支护方案编号		
施工单位		验收日期	年　月　日	监测单位		
支护验收结果		监理工程师		监测开始日期	年　月　日	
设计方案规定控制变形值/mm						

变形监测记录(实际变形值)/mm								监测人员签字
监测次数	测量时间	A	B	C	D	E	F	
1								
2								
3								
4								
5								
6								
7								
8								
9								

监测点简图：

　　实际变形值必须控制在设计控制值内,如发生超出控制值等异常情况,应及时处理,必须达到正常情况后再继续施工。

监理(建设)机构：	施工(监测)单位：	
专业监理工程师(建设单位项目专业技术负责人)： 年　月　日	项目技术负责人：	监测人： 年　月　日

表3-64 试打桩记录

试 打 桩 记 录

湘质监统编

施 2015—111

工程名称：

建设单位		设计单位		施工单位		打桩单位		编号：
设计桩型		混凝土强度等级		配筋情况		施工机械		
打桩起止时间	年 月 日 至 年 月 日							
试打桩号及情况：								
确定工程桩控制标准：								
总监理工程师（建设单位项目技术负责人）： 年 月 日	设计（项目）负责人： 年 月 日		勘察（项目）负责人： 年 月 日		施工项目技术负责人： 年 月 日		打桩负责人： 年 月 日	

表 3-65 锤击沉管灌注桩施工记录

锤击沉管灌注桩施工记录

湘质监统编
施 2015—112

编号：

工程名称：

桩管外径： mm

施工单位：

主筋直径及根数：

桩机规格型号：

箍筋直径及间距：

桩锤重： t 落锤高度： m

砼设计强度等级：

地面标高： m 桩顶标高： m

序号	施工日期	桩位编号	实测孔径/mm	实测孔长/m	桩尖入持力层深度/m		桩尖标高/m		每米锤击数/击	最后1m锤击数/击	最后三阵每阵十锤贯入度/cm			钢筋笼		箍筋加密		实测桩孔体积/m³	实际浇筑砼量/m³	充盈系数(K)	钢筋笼顶标高/m	留置试块桩号	验收记录
					设计	实际	设计	实际			首阵	中阵	末阵	长度/m设计	长度/m实际	长度/m设计	长度/m实际						
1																							
2																							
3																							
4																							
5																							
6																							
7																							
8																							
9																							
10																							
11																							
12																							

施工单位检查评定结果：

监理（建设）单位验收结论：

项目专业技术负责人：

项目专业监理工程师（建设单位项目技术负责人）：

施工单位检查记录人：

监理（建设）单位劳站监督人：

监理（建设）项目部（章）

年 月 日

表3-66 锤击沉管夯扩灌注桩施工记录

锤击沉管夯扩灌注桩施工记录

湘质监统编
施2015—113

工程名称：　　　　　　　桩管外径 d_0：　　　mm

施工单位：　　　　　　　主筋直径及根数：

桩机规格　型号：　　　　箍筋直径及间距：

桩锤重：　．．t　落锤高度：　　m　外管外径：　　m　地面标高：　　m　桩顶标高：　　m

砼设计强度等级：　　　　编号：　　mm

序号	施工日期	桩位编号	实测孔径/mm	实测孔长/m	桩尖持力层深度/m		桩尖标高/m		最后1m锤击击数/击	最后三阵每阵十锤贯入度/cm			第一次夯扩				第二次夯扩				实测桩孔体积/m³	实际浇筑砼量/m³	充盈系数/(K)	钢筋笼顶标高/m	留置试块桩号	验收记录
					设计	实际	设计	实际		首阵	中阵	末阵	H_1/m	h_1/m	C_1/m	D_1/m	H_2/m	h_2/m	C_2/m	D_2/m						
1																										
2																										
3																										
4																										
5																										
6																										
7																										
8																										
9																										
10																										

施工单位检查评定结果：　　　　　　　　　　　监理（建设）单位验收结论：

项目专业技术负责人：　　　　　　　　　　　项目专业监理工程师（建设单位项目技术负责人）：

施工单位技术负责人：　　　　　　　　　　　监理（建设）单位旁站监督人：

　　　　　　　　　年 月 日　　　　　　　　　　　　　　　　年 月 日

　　　　　　　　　　　　　　　　　　　　　　监理（建设）项目部（章）

　　　　　　　　　　　　　　　　　　　　　　　　　　年 月 日

注：表内的 H_1、H_2 为第一次、第二次夯扩工序中外管中灌注砼面高度（从桩底起算）；h_1、h_2 为第一次、第二次夯扩工序中外管上拔高度（从桩底起算）；C_1、C_2 为第一次、第二次夯扩工序中内、外管同步下沉至离桩底的距离，可取 C_1、C_2 值为 0.2 m；D_1、D_2 为第一次、第二次夯扩大头直径，按以下公式计算：$D_1 = d_0[(H_1 + h_1 - C_1)/h_1]/2$，$D_2 = d_0[(H_1 + H_2 + h_2 - C_1 - C_2)/h_2]/2$。

表 3-67 人工挖孔灌注桩单桩施工记录

人工挖孔灌注桩单桩施工记录

湘质监统编
施 2015—114

工程名称：　　　　　　　施工单位：　　　　　　　砼设计强度等级：

施工序号：		桩位编号：		施工日期:自　年　月　日　至　年　月　日											
桩身几何尺寸/m				扩大头几何尺寸/m				标高/m							
桩径		桩长		直径		高度(h)		高度(h₁)		桩顶		持力层顶		桩底		钢筋笼顶标高
设计	实测	设计	实测	设计	实测	设计	实测	设计	实测	设计	实测	设计	实测	设计	实测	

钢筋笼长度/m	主筋直径及根数	箍筋直径及间距	箍筋加密长度/m	钢筋连接方法及外观质量情况	实测桩孔体积/m³	实际浇筑砼量/m³	留置砼试块/组	试块试压强度/MPa

桩孔地质结构柱状图：

钢筋隐蔽验收图：

施工单位检查记录人：　　　　　　　监理(建设)单位旁站监督人：

该桩持力层土质名称及承载力标准值(MPa)为：

该桩桩底进入持力层深度：　　　　m。　　　　勘察单位勘查人：

施工单位检查评定结果：

监理(建设)单位验收结论：

监理(建设)项目部(章)

项目专业技术负责人：

项目专业质量检查员：　　　　　年　月　日

项目专业监理工程师(建
设单位项目技术负责人)：　　　年　月　日

注:桩孔结构柱状图应按比例绘制成孔形状,其左侧标注成孔实测几何尺寸及桩顶(即承台底)、桩底和持力层顶面标高,右侧自上而下标注地质剖面各土层名称、厚度等。h 指扩大头总高度,h₁指弧形部分高度。

表 3-68 振动沉管灌注桩施工记录

振动沉管灌注桩施工记录

工程名称：　　　　　　施工单位：　　　　　　桩尖入持力层深度：　　　　　　桩机规格型号：　　　　　　桩管外径：　　mm　　编号：

主筋直径及根数：　　主筋直径及间距：　　　　地面标高：　　　　桩顶标高：　　　　砼设计强度等级：

湘质监统编
施 2015—115

序号	施工日期	桩位编号	实测孔径/mm	实测孔长/m	桩尖入持力层深度/m		桩尖标高/m		最后两分钟贯入度/cm				最后30秒电流/A,电压值/V				钢筋笼长度/m		箍筋加密长度/m		实测桩孔体积/m³	实际浇筑砼量/m³	充盈系数(K)	钢筋笼顶标高/m	留置试块桩号	验收记录
					设计	实际	设计	实际	第一个		第二个		设计值		实测值		设计	实际	设计	实际						
									设计	实际	设计	实际	A	V	A	V										
1																										
2																										
3																										
4																										
5																										
6																										
7																										
8																										
9																										
10																										
11																										

施工单位检查评定结果：

监理（建设）单位验收结论：

项目专业技术负责人：　　　　　　　　　　　年　月　日　　　项目专业监理工程师（建设单位项目技术负责人）：

施工单位检查记录人：　　　　　　　　　　　　　　　　　　监理（建设）单位驻站监督人：

　　　　　　　　　　　　　　　　　　　　　　　　　　　　监理（建设）项目部（章）　　年　月　日

表 3-69　钻孔（含洛阳铲）取土混凝土灌注桩施工记录

钻孔（含洛阳铲）取土混凝土灌注桩施工记录

湘质监统编
施 2015—116

工程名称：

主筋直径及根数：　　　　　　　箍筋直径及间距：

施工单位：　　　　　　　　　　钻机规格型号：

砼设计强度等级：　　　　　MPa　　　桩顶标高：　　　m　　　编号：

地面标高：

序号	施工日期	桩位编号	实测孔径孔长 /mm /m	桩孔径 /mm 设计	桩孔径 /mm 实际	桩孔长度 /m 设计	桩孔长度 /m 实际	桩底持力层 土质名称	桩底持力层 进入深度/m	桩底沉渣处理情况	钢筋笼长度/m 设计	钢筋笼长度/m 实际	箍筋加密长度/m 设计	箍筋加密长度/m 实际	实测桩孔体积 /m³	实际浇筑砼量 /m³	充盈系数 (K)	钢筋笼顶标高 /m	留置试块桩号	验收记录
1																				
2																				
3																				
4																				
5																				
6																				
7																				
8																				
9																				
10																				

施工单位检查评定结果：　　　　　　　　　　　　监理（建设）单位验收结论：

项目专业技术负责人：　　　　　　　　　　　　项目专业监理工程师（建设单位项目技术负责人）：

施工单位检查记录人：　　　　　　　　年　月　日　　监理（建设）单位旁站监督人：

　　　　　　　　　　　　　　　　　　　　　　　　监理（建设）项目部（章）
　　　　　　　　　　　　　　　　　　　　　　　　　　　年　月　日

湘质监统编

施 2015—117

表 3-70 旋挖桩施工记录表

旋挖桩施工记录表

工程名称：

施工单位：

编号：

序号	日期	桩号	设计/m		护筒顶标高/m	自然地面标高/m	成孔时间		桩径/mm	桩长/m				桩机型号：		砼浇灌时间		水下砼/m³		泥浆比重	充盈系数	沉渣厚度/m	钢筋笼长/m	钢筋笼顶标高/m	备注
			桩顶标高	桩长			开始	结束		成孔长	浇砼桩长	有效桩长	负空段			开始	结束	设计量	实际量						
	年 月 日																								
	年 月 日																								
	年 月 日																								
	年 月 日																								
	年 月 日																								
	年 月 日																								
	年 月 日																								
	年 月 日																								
	年 月 日																								
合计																									

施工单位检查评定结果：

监理（建设）单位验收结论：

项目专业技术负责人：

项目专业监理工程师（建设单位项目技术负责人）：

施工单位检查记录人：

监理（建设）单位旁站监督人：

　　　　　　　年　月　日

　　　　　　　年　月　日

监理（建设）项目部（章）

　　　　　　　年　月　日

表 3-71 锤击钢筋混凝土预制桩施工记录

锤击钢筋混凝土预制桩施工记录

湘质监统编
施 2015—118

工程名称：　　　　　　　　　　　　　　　　　　　　　　　　编号：

桩号	打桩单位			制桩单位		桩规格及长度/m	桩顶设计标高/m	桩入土每米锤击次数																	送桩每米击数						最后贯入度/(cm/10击)			接桩形式		自然地面标高/m			焊接时间/min	冷却时间/min	桩顶高出或低于标高/m
	桩锤类型及冲击部分重量	总锤击数	出厂日期					1	2	3	4	5	6	7	8	9	10	11	12	13	14	15			1	2	3	4	5	6	1	2	3		垂直度/(%)	偏位/mm				

施工单位检查评定结果：

监理（建设）单位验收结论：

　　　　　　　　　　　　　　　　年　月　日

项目专业质量检查员：
项目专业技术负责人：

项目专业监理工程师（建设单位项目技术负责人）：

监理（建设）项目部（章）
　　　　　年　月　日

施工单位检查记录人：

监理（建设）单位旁站监督人：

表3-72 静压预应力管桩（预制桩）施工记录

静压预应力管桩（预制桩）施工记录

湘质监统编
施2015—119

工程名称：

编号：

打桩单位：							
施工单位：							
桩类型：							
桩号	实际桩长/m	入土深度/m	自然地面标高/m	设计桩顶标高/m	设计桩长/m 送（收）桩长/m	设计压桩力/kN 开始时间 结束时间	垂直度
	压力表读数/MPa	实际压桩力/kN	垂直度	桩号	入土深度/m 压力表读数/MPa	实际压桩力/kN	

施工单位检查评定结果：

监理（建设）单位验收结论：

项目专业质量检查员：
项目专业技术负责人：

项目专业监理工程师（建
设单位项目技术负责人）：

监理（建设）项目部（章）
年 月 日

施工单位检查记录人：

监理（建设）单位旁站监督人：

表 3-73 扩头灌注桩施工记录

扩头灌注桩施工记录

湘质监统编
施 2015—120

工程名称：

施工单位：　　　　　　　　　　　　　　　　　　　编号：

桩号	日期	外径 D= cm 内径 d= cm 扩头灌注混凝土高度/m	提管高度/m 扩头后管顶离地面高度 H₁/m	桩管规格 长度 L/m 设计配筋	管内混凝土离管顶高度/m 第一次 H₂ 提管后 H₃ 第二次 H₄	设计桩长/m 混凝土坍落度/cm 混凝土桩顶离地面高度 H₅ 提管后管顶离地面高度 H₆	压振力 混凝土强度等级 充盈系数 λ λⱼ	备注
	年 月 日							
	年 月 日							
	年 月 日							
	年 月 日							
	年 月 日							
	年 月 日							
	年 月 日							
	年 月 日							
	年 月 日							
	年 月 日							

施工单位检查评定结果：　　　　　　　　　　　　监理(建设)单位验收结论：

项目专业质量检查员：　　　　　　　　　　　　　项目专业监理工程师(建
项目专业技术负责人：　　　　　　　　　　　　　设单位项目技术负责人)：

施工单位检查记录人：　　　　　　　　　　　　　监理(建设)单位旁站监督人：

　　　　　　　　　年 月 日　　　　　　　　　　监理(建设)项目部(章)
　　　　　　　　　　　　　　　　　　　　　　　　　　　　年 月 日

表 3-74 高压喷射注浆地基施工记录

高压喷射注浆地基施工记录

湘质监统编

施 2015—121

工程名称： 编号：

施工单位				工程地址			
打桩单位				设计桩径/m			
设备型号规格	钻机		水泥	名称		喷射形式	
	高压泵			强度等级		工艺类型	
	空压机		配合比			外加剂	名称	
	泥浆泵		水泥浆相对密度				含量/(%)	

桩 号					
时间	开始(h:min)				
	终止(h:min)				
标高/m	开始				
	终止				
速度	钻进/(cm/min)				
	提升/(cm/min)				
	旋转/摆动/(r/min)				
高压水	压力/MPa				
	流量/(L/min)				
压缩空气	压力/MPa				
	流量/(L/min)				
喷浆	压力/MPa				
	流量/(L/min)				
水泥浆量/m³					
施工异常情况记录					

专业监理工程师(建设单位项目专业技术负责人)：	施 工 单 位	
	质量员：	记录：
年 月 日	年 月 日	年 月 日

湘质监统编
施 2015—122

表 3-75 灌注桩施工记录表

灌注桩施工记录表

工程名称：

编号：

施工单位										备注
外径 D＝ cm	内径 d＝ cm	桩管规格 长度 L/m	设计配筋	设计桩长/m	混凝土坍落度/cm		压振力			
							混凝土强度等级			
							充盈系数			
							λ	λ_j		

桩号	日期	管内渗入泥水（有或无）	压管终了时有否抬架	管顶离地面高度 H_1/m	管内混凝土离管顶高度/m			混凝土桩顶离地面高度 H_5	提管后管顶离地面高度 H_6	备注
					第一次 H_2	提管后 H_3	第二次 H_4			
	年 月 日									
	年 月 日									
	年 月 日									
	年 月 日									
	年 月 日									
	年 月 日									
	年 月 日									
	年 月 日									
	年 月 日									

施工单位检查评定结果：

监理（建设）单位验收结论：

项目专业质量检查员：
项目专业技术负责人：
施工单位检查记录人：
年 月 日

项目专业监理工程师（建设单位项目技术负责人）：
监理（建设）单位旁站监督人：
监理（建设）项目部（章）
年 月 日

表 3-76 桩基工程质量验收记录

桩基工程质量验收记录

湘质监统编
施 2015—123

编号：

工程名称：

施工单位		工程数量	
工程地点		设计单位	
开、竣工日期	年 月 日 年 月 日	验收日期	年 月 日
工程内容简要说明		质量问题处理意见（附件）	
桩基施工单位			
监理单位			
桩基类型			
工程变更情况（附件）			

验收意见

建设单位（盖公章） （项目）负责人： 　　　　年 月 日	设计单位（盖公章） （项目）负责人： 　　　　年 月 日	监理单位（盖公章） 总监理工程师： 　　　　年 月 日
施工单位（盖公章） 项目经理： 　　　年 月 日	勘察单位（盖公章） 项目负责人： 　　　年 月 日	桩基施工单位（盖公章） 项目负责人： 　　　年 月 日

表 3-77　建筑设备安装工程隐蔽验收记录

建筑设备安装工程隐蔽验收记录

湘质监统编
施 2015—143

工程名称：　　　　　　　　　　验收日期：　年　月　日　　编号：

分项工程名称：	子分部工程名称：	隐蔽部位：
项目经理：	施工技术负责人：	施工图号：

施工执行标准名称及编号：

	序号	工程分项隐蔽验收批部位	单位	数量	施工单位全数检查情况及说明	监理(建设)单位验收记录
隐蔽工程内容	1					
	2					
	3					
	4					
	5					
	6					
	7					
	8					

施工单位全数检查评定结果：

项目专业质量检查员：　　　　　项目专业技术负责人：　　　　　　年　月　日

监理(建设)单位验收结论：

专业监理工程师(建设单位项目技术负责人)：　　　监理(建设)项目部(章)　　年　月　日

设计技术交底会议等列入须经设计人员参与隐蔽验收的部位签证

设计单位参加验收人意见：

验收人签名：　　　　　　　　年　月　日

注:该记录由施工项目专业质量检查员填写,监理工程师(建设单位项目技术负责人)组织项目专业技术负责人等进行验收。
　记录时应首先说明是否按设计图号施工,如有设计变更应立即在备用竣工图纸上用红色文字注明变更情况或绘制变更补
　充图;凡有、无设计变更,监理(建设)单位的旁站监督人均应在备用竣工图号上签字认可后,才能办理该部位隐蔽验收手
　续。隐蔽验收时,必须严格按国家施工质量验收规范的主控项目,一般项目的内容要求全数检查,凡有不合格处必须当即
　整改达到合格后才能办理隐蔽验收手续。检查评定结论必须语言规范,并针对主控项目、一般项目的内容要求,填写真实
　可靠的结果或结论。隐蔽部位要拍摄现场照片作为该记录附件。

模块 **4**

给水排水及供暖工程项目文件

表 4-1　排水管道通球检验记录

排水管道通球检验记录

湘质监统编
施 2015—144

工程名称：　　　　　　　　　　检查日期：　年　月　日　　　编号：

序号	系统管线名称	试验部位	管道内径/mm	球径/mm	通球时间 日　时至　日　时	检验结果	通球检验人	旁站监督人

施工单位复查结果： 施工单位项目 专业技术负责人 　　　　　　　年　月　日	监理(建设)单位核查结论： 项目专业监理工程师(建　　　　监理(建设) 设单位项目技术负责人)：　　　　项目部(章) 　　　　　　　年　月　日

注：该记录应按单元逐户全数检查填写。排水主立管及水平干管管道均应做通球试验,通球球径不小于排水管道管径的 2/3,通球率必须达到 100%。

表 4-2 排(雨)水管道灌水静压试验记录

排(雨)水管道灌水静压试验记录

湘质监统编
施 2015—145

编号：

工程名称：

检查日期： 年 月 日

序号	管道系统编号	管道材质	接口材料	灌水高度/cm	满水 15 分钟时液面下降情况/cm	再满水 5 分钟液面下降情况/cm	接口处是否渗漏等情况	试验日期	试验结果	试验人	旁站监督人

施工单位复查结果：

监理(建设)单位核查结论：

施工单位项目专业技术负责人：

项目专业监理工程师(建设单位项目技术负责人)：

年 月 日

监理(建设)项目部(章)

年 月 日

注：该记录应按工程全数检验填写。按国家验收规范的强制性条文规定：隐蔽或埋地的排水管道在隐蔽前必须做灌水试验，其灌水高度应不低于底层卫生器具的上边缘或底层地面高度；满水 15 min 水面下降后，再灌满观察 5 min，液面不降，管道及接口无渗漏为合格。

表4-3 室内给（冷热）、排水管道安装及附件检查记录

室内给（冷热）、排水管道安装及附件检查记录

湘质监统编
施 2015-146

工程名称： 　　　　　　　　　　　　　　　　　　　　　　　　　　　　编号：

检查单元	层数	户数	管道安装坡度、接口、支架、管件、阀门、龙头、水表、检查口、扫除口检查情况									检查人	旁站监督人
			管道坡度 不符合规定处数	丝接 不符合规定处数	法兰连接 不符合规定处数	焊接连接 不符合规定处数	承插、套箍 不符合规定处数	支架制作固定 不符合规定处数	阀门龙头 不符合规定处数	检查口、扫除口 不符合规定处数	水表不符合规定处数		

检查日期： 　　年　　月　　日

检查存在主要问题：

施工单位复查结果：

施工单位项目专业技术负责人：　　　　　　　　　　检查日期：　　年　　月　　日

返修情况：

监理（建设）单位复查结论：

复查日期：　　年　　月　　日

项目专业监理工程师（建设单位项目技术负责人）：　　监理（建设）项目部（章）

　　　　　　　　　　　　　　　　　　　　　　　　　年　　月　　日

注：该记录应按拔单元，层逐户全数检查填写其不符合规定的处数，并令其返修后复查；质量检查标准按设计要求及《建筑给水排水及采暖工程施工质量验收规范》（GB 50242—2002）的有关规定实行；镀锌钢管严禁焊接。

湘质监统编
施 2015—147

编号：

表 4-4 给水（采暖）管道系统清洗记录

给水（采暖）管道系统清洗记录

工程名称：

检查日期：　　　年　　　月　　　日

序号	管道系统编号	管道材质	接口材料	清（吹）洗介质	清（吹）洗压力/MPa	清（吹）洗次数	清（吹）洗结果	清（吹）洗日期	清（吹）洗人	旁站监督人
								年　月　日		
								年　月　日		
								年　月　日		
								年　月　日		
								年　月　日		
								年　月　日		
								年　月　日		
								年　月　日		
								年　月　日		
								年　月　日		
								年　月　日		

施工单位复查结果：

监理（建设）单位核查结论：

施工单位项目专业技术负责人：

年　　月　　日

项目专业监理工程师（建设单位项目技术负责人）：

年　　月　　日

监理（建设）项目部（章）

年　　月　　日

注：该记录应按单元、层逐户检查填写；生活给水系统管道在交付使用前应按国家验收规范的强制性条文规定，即必须冲洗和消毒，并经有关部门取样检验，符合国家《生活饮用水卫生标准》（GB 5749—2006）方可使用。

表4-5　给水(采暖、冷冻)管道系统压力试验记录

给水(采暖、冷冻)管道系统压力试验记录

湘质监统编
施 2015—148

工程名称：

检查日期：　　年　　月　　日

编号：

管道材质			接口材料	试验压力/MPa		试验方法	持续时间/h		压力降值/MPa		试验介质				
序号	管系系统编号	试验日期	设计工作压力/MPa		规范规定	实际	规范规定	实际	规范规定	实际	降至工作压力时接口有无渗漏等情况	试验人	劳站监督人
		年　月　日											
		年　月　日											
		年　月　日											
		年　月　日											
		年　月　日											
		年　月　日											
		年　月　日											
		年　月　日											
		年　月　日											
		年　月　日											

施工单位复查结果：

监理(建设)单位核查结论：

施工单位项目专业技术负责人：

项目专业监理工程师(建
设单位项目技术负责人)：

监理(建设)项目部(章)
　　年　　月　　日

年　　月　　日

注：各种材质的给水管系试验压力均为工作压力的1.5倍,但不得小于0.6 MPa。检验方法：金属及复合管给水管道系统在试验压力下观测10 min,压力降不应大于0.02 MPa。然后降到工作压力下检查,应不渗漏。塑料管给水系统应在试验压力的1.15倍状态下稳压2 h,压力降不得超过0.03 MPa。然后在工作压力的1.15倍状态下稳压1 h,压力降不得超过0.05 MPa。然后在工作压力下稳压2 h,压力降不得超过0.03 MPa,同时检查各连接处不得渗漏。

表4-6 卫生器具盛水试验检查记录

卫生器具盛水试验检查记录

湘质监统编
施2015—149

工程名称：

检查日期：　　年　　月　　日　　　　　　编号：

序号	系统管线名称	试验部位	卫生器具名称	数量/个、套	卫生器具深度/mm	盛水深度/mm	堵水方法	盛水试验时间 日 时至 日 时	试验结果	试验人	旁站监督人

施工单位复查结果：

监理（建设）单位核查结论：

施工单位项目专业技术负责人：

　　　　　　年　　月　　日

项目专业监理工程师（建
设单位项目技术负责人）：

项目部（章）
　　　　　　年　　月　　日

注：该记录应按单元层逐户检查填写。排水栓、地漏安装应低于排水表面，周边无渗漏；有水封要求的卫生器具及地漏的水封高度不得小于50 mm；满水后各连接件不渗不漏、通水试验给、排水畅通。

表4-7 补偿器预拉伸(预压缩)记录

补偿器预拉伸(预压缩)记录

湘质监统编
施 2015—150

工程名称： 编号：

施工单位		分部工程名称	
分项工程名称		项 目 经 理	
施工执行标准 名称及编号			

补偿器名称	安装位置	管径 /mm	环境温度 /℃	介质名称	预拉伸尺寸 /mm	说 明
试验结果						

监理(建设)单位： 专业监理工程师(建 设单位项目技术负责人)： 年　月　日	施工单位： 安装项目技术负责人： 施工员： 质量员： 年　月　日

表 4-8　消火栓系统试射试验记录

消火栓系统试射试验记录

湘质监统编
施 2015—151

工程名称：　　　　　　　　　　　　　　　　　　　　　　　　编号：

施工单位		子分部工程名称		栓口安装	
消火栓位置		启泵按钮		栓口水枪型号	
执行规范编号及条款		试验日期	年　月　日	栓口压力/MPa	

试射试验过程：

试验结果：

监理(建设)单位： 专业监理工程师：(建设单位项目技术负责人)： 　　　　年　月　日	施工单位： 安装项目技术负责人： 施工员： 质量员： 　　　　年　月　日

表4-9　自动喷水灭火系统联动试验记录

自动喷水灭火系统联动试验记录

湘质监统编
施 2015—152

工程名称：　　　　　　　　　　　　　　　　　　　　　　　　　　编号：

施工单位			试验日期	年　月　日	
系统类别	启动信号（部位）	联动组件动作			
		名称	是否开启	要求动作时间	实际动作时间
湿式系统	末端试水装置	水流指示器			
		湿式报警阀			
		水力警铃			
		压力开关			
		水泵			
水幕、雨淋系统	温感与烟感信号	雨淋阀			
		水泵			
	传动管启动	雨淋阀			
		压力开关			
		水泵			
干式系统	模拟喷头动作	干式阀			
		水力警铃			
		压力开关			
		充水时间			
		水泵			
预作用系统	模拟喷头动作	预作用阀			
		水力警铃			
		压力开关			
		充水时间			
		水泵			
参加单位	施工单位检查意见： 记录人： 项目经理负责人： （盖公章） 年　月　日		监理(建设)单位验收结论： 总监理工程师(建设 单位项目技术负责人)： （盖公章） 年　月　日		

建筑电气工程文件

表 5-1　电气照明器具安全通电检查记录

电气照明器具安全通电检查记录

湘质监统编
施 2015—173

工程名称：　　　　　　　　　　　　　　　　　　　　　　　　　　　　　编号：

施工单位									检查日期			年　　月　　日													
楼门单元																									
层　数	开　关								灯　具								插　座								
	1	2	3	4	5	6	7	8	1	2	3	4	5	6	7	8	1	2	3	4	5	6	7	8
结　论																									

监理工程师 （建设单位项目技术负责人）	安　装　单　位		
	专业施工负责人	质量员	测试人

注：每户的照明器具应全数检查，开关断相线，螺旋灯口中心接相线，插座右相左零，地线在上。

表5-2 低压电气动力设备试运行记录

低压电气动力设备试运行记录

湘质监统编

施 2015—174

工程名称：   编号：

施工单位		分部工程名称		
监理单位		项目经理		
施工执行标准 名称及编号		试验日期　年　月　日		设备型号 及规格	

序号	程　序	试运行过程	试运行结论
1	设备的可接近裸露导体接地或接零连接检查情况		
2	动力成套配电(控制)柜、屏、台、箱、盘的交流工频耐压试验及保护装置的动作试验结果		
3	控制回路模拟动作试验情况:盘车或手动操作,电气部分与机械部分的转动或动作协调情况		

试验结果	

监理(建设)单位： 项目专业监理工程师 (建设单位项目技术负责人)： 　　　年　月　日	施工单位： 安装项目技术负责人： 施工员： 质量员： 　　　年　月　日

表5-3　电气照明试运行记录

电气照明试运行记录

湘质监统编
施 2015—175

工程名称：

编号：：

试运项目：						检查日期：　　　年　　月　　日			
试运时间：自　月　日　时　分开始，至　月　日　时　分结束									

	运行时间	运行电压/V			运行电流/A			检查结果	检查人	旁站监督人
		A-M	B-N	C-N	A相	B相	C相			
试运行负荷记录表										
试运行情况记录										

施工单位复查结果：	监理(建设)单位核查结论：
施工单位项目专业技术负责人：　　　　年　月　日	项目专业监理工程师(建设单位项目技术负责人)：　　　监理(建设)项目部(章)　　　年　月　日

注：该记录为电气负荷记录用。住宅工程以电源进户为系统进行通电试运行，时间为8 h，每2 h记录一次，每个进户电源填写一张记录，试运项目栏填写电源进户单元号；公用建筑照明系统通电试运行时间应为24 h，每2 h记录一次。

表 5-4　大型照明灯具承载试验记录

大型照明灯具承载试验记录

湘质监统编
施 2015—176

工程名称：

编号：

施工单位				
楼　层			试验日期	年　月　日
灯具名称	安装部位	数量	灯具自重/kg	试验载重/kg

试验结果：

监理（建设）单位： 项目专业监理工程师 （建设单位项目技术负责人）： 年　月　日	施工单位： 安装项目技术负责人： 施工员： 质量员： 年　月　日

表 5-5　漏电开关模拟试验记录

漏电开关模拟试验记录

湘质监统编
施 2015—177

工程名称：　　　　　　　　　　　　　　　　　　　　编号：

施工单位					
试验器具			试验日期		年　月　日

安装部位	型　号	设 计 要 求		实 际 测 试	
		动作电流/mA	动作时间/ms	动作电流/mA	动作时间/ms

测试结果：

监理(建设)单位： 项目专业监理工程师 (建设单位项目技术负责人)：	施工单位： 安装项目技术负责人： 施工员： 质量员：
年　　月　　日	年　　月　　日

表 5-6　大容量电器线路结点温度测量记录

大容量电器线路结点温度测量记录 湘质监统编
施 2015—178

工程名称：　　　　　　　　　　　　　　　　　　　　　编号：

施工单位		子分部名称	
测试地点		测试品种	导线 ／ 母线 ／ 开关
测试工具		试验日期	年　月　日

测试回路(部位)	测试时间	电流/A	设计温度/℃	测试温度/℃

测试结果：

监理(建设)单位： 项目专业监理工程师 (建设单位项目技术负责人)： 　　　　　年　月　日	施工单位： 安装项目技术负责人： 施工员： 质量员： 　　　　　年　月　日

表 5-7　高压电气设备及布线系统交接试验记录

高压电气设备及布线系统交接试验记录

湘质监统编
施 2015—179

工程名称：　　　　　　　　　　　　　　　　　　　　编号：

施工单位		项目经理		
监理单位		试验日期	年　月　日	
施工执行标准名称及编号				
设备或系统名称		测试仪器及精度		
施工图号		型号及规格	生产厂家	
交接试验过程				
交接试验结果				

监理（建设）单位： 项目专业监理工程师 （建设单位项目技术负责人）： 年　月　日	施工单位： 安装项目技术负责人： 施工员： 质量员： 年　月　日

表 5-8 电气接地装置隐蔽验收记录

电气接地装置隐蔽验收记录

湘质监统编
施 2015—180

工程名称：　　　　　　　　　　　　　　　　　　　　　　　　　　　　编号：

施工单位			施工日期	年　月　日
分部工程名称			分项工程名称	
施工图号			部位	
接地装置电阻设计值/Ω			仪器型号	

类别	材质	型式规格	数量	敷设方法	埋深/m	连接方式	防腐
接地体							
干线							
分支干线							

接地体与建筑物距离/m：

接地极间距离/m：

独立避雷针接地线与其他线路距离/m：

独立避雷针接地装置：(1)与建筑物出口距离　　　m；(2)与道路距离　　　m。

测试点数量/处		测试点距地面高度/m	
实测电阻值		天气情况(湿度)	

简图：

试验结果	

监理(建设)单位： 项目专业监理工程师 (建设单位项目技术负责人)： 　　　　　　　年　月　日	施工单位： 安装项目技术负责人： 施工员： 质量员： 　　　　　　　年　月　日

注：隐蔽部位要拍摄现场照片作为该记录附件。

表 5-9 普通电气设备安装动态检查记录

普通电气设备安装动态检查记录

湘质监统编
施 2015—181

工程名称：　　　　　　　　　　　　　　　　　　　　　　　　　　　　　　共 页 第 页

检查日期： 年 月 日

检查单元	层数	户数	漏电保护器		开关开启方向和切断相序检查			灯具通亮及相序检查			插座相序检查		电表相序检查		保险相序检查		导线无分色或错误	检查人	旁站监督人
			动作电流/mA	动作时间/s	总数/个	开启错误	相序错误	总数/盏	不亮	相序错误	总数/个	相序错误	总数/个	相序错误	总数/个	相序错误			

施工单位复查结果：

监理（建设）单位核验结论：

施工单位项目专业技术负责人：

项目专业监理工程师
（建设单位项目技术负责人）：

监理（建设）项目部（章）

　　　　　　年 月 日　　　　　　　　　　　　　　　　　　　　年 月 日

注：按单位元，户逐间房设置数量检查填写。

表 5-10 防雷及电器设备接地电阻测试验收记录

防雷及电器设备接地电阻测试验收记录

湘质监统编
施 2015—182

工程名称：　　　　　　　　　　　　　　　　　　　　　　　　　　编号：

项目	组别及电器设备名称	设计要求电阻值	实测电阻值	测试结果	测试日期	测试人	旁站监督人
防（避）雷接地电阻					年　月　日		
					年　月　日		
					年　月　日		
					年　月　日		
					年　月　日		
					年　月　日		
重复接地电阻					年　月　日		
					年　月　日		
					年　月　日		
					年　月　日		
					年　月　日		
设备接地零电阻					年　月　日		
					年　月　日		
					年　月　日		
					年　月　日		
					年　月　日		

施工单位复查结果：	监理（建设）单位核查意见：
施工单位项目专业技术负责人： 　　　　　年　月　日	项目专业监理工程师 （建设单位项目技术负责人）　　　（项目部章） 　　　　　年　月　日

注：该记录应另附接地装置安装试验记录。

表 5-11　线路、插座、开关接线检查记录一

线路、插座、开关接线检查记录

湘质监统编
施 2015—183

工程名称：　　　　　　　　　　　　　　　　　　　　　　　　　编号：

施工单位				分部工程名称			
监理单位				项目经理			
施工执行标准名称及编号			试验日期　　年　月　日		测试仪器		
试验部位	施工图号	漏电保护器型号、规格	标准要求		试验结果		试验结论
			漏电动作电流/mA	漏电动作时间/s	漏电动作电流/mA	漏电动作时间/s	
试验结果							

监理(建设)单位： 项目专业监理工程师 (建设单位项目技术负责人)： 　　　　年　　月　　日	施工单位： 安装项目技术负责人： 施工员： 质量员： 　　　　年　　月　　日

表5-12 线路、插座、开关接线检查记录二

线路、插座、开关接线检查记录

湘质监统编
施 2015—184

工程名称：

编号：

施工单位				子分部工程名称			
施工图号				检查日期	年 月 日		
配电箱及回路编号	线路		插座		开关		
	颜色	连接	接线位置	接地线连接	接线	控制顺序	通断方向
检查结果							

监理(建设)单位： 项目专业监理工程师 (建设单位项目技术负责人)： 年 月 日	施工单位： 安装项目技术负责人： 施工员： 质量员： 年 月 日

表 5-13　双电源自动切换试验记录

双电源自动切换试验记录

湘质监统编
施 2015—185

工程名称：　　　　　　　　　　　　　　　　　　　　　　　　编号：

施工单位			分部工程名称	
监理单位			项目经理	
施工执行标准名称及编号			试验日期	年　　月　　日

系统编号	施工图号	空载自动切换试验		有载自动切换试验	
		试验过程	试验结论	试验过程	试验结论
试验结果					

监理（建设）单位： 项目专业监理工程师 （建设单位项目技术负责人）： 　　　　　　　年　　月　　日	施工单位： 安装项目技术负责人： 施工员： 质量员： 　　　　　　　年　　月　　日

表 5-14　接地装置安装试验记录

接地装置安装试验记录

湘质监统编

施 2015—186

工程名称：　　　　　　　　测试日期：　　年　　月　　日　　编号：

（一）基本资料

　　接地装置安装地区＿＿＿＿＿＿＿＿＿＿，用于＿＿＿＿＿＿＿＿电压系统，变压器是专用还是公用＿＿＿＿

＿＿＿＿＿＿，接地性质＿＿＿＿＿＿＿＿＿。

（二）室外接地网

　　人工接地采用＿＿＿＿＿接地极＿＿＿＿根，长度＿＿＿＿米，极间距＿＿＿＿米，打入地下深度＿＿＿＿

米，接地干线采用＿＿＿＿＿，埋入地下深度＿＿＿＿米。自然接地利用＿＿＿＿。

（三）室内接地网

　　人工接地干线采用＿＿＿＿＿，分支线采用＿＿＿＿＿平方毫米；自然接地干线采用＿＿＿＿＿，分支线采用

＿＿＿＿＿平方毫米。

（四）接地网简图如下

（五）接地电阻测量使用仪表名称、型号＿＿＿＿＿＿＿＿＿＿＿＿。

　　测量电阻时的天气情况＿＿＿＿，前三天的天气＿＿＿＿＿＿。

　　地质潮湿情况＿＿＿＿＿＿＿＿＿＿＿＿。

　　测量电阻共＿＿＿＿次，平均值＿＿＿＿欧姆。

施工单位检查测试人：　　　　　　　　　　监理（建设）单位旁站监督人：

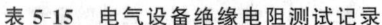

表 5-15　电气设备绝缘电阻测试记录

电气设备绝缘电阻测试记录

湘质监统编
施 2015—187

工程名称：　　　　　　　　　　　　　　　　　　　　　　　共　　页　第　　页

| 仪表型号： | | | | 测试日期：　　年　　月　　日 | | | | | | |
| 计量单位： | | | 电压： | | 天气情况： | | | 气温：　　℃ | | |

试验内容		相间			相对零			相对地			零对地
		A-B	B-C	C-A	A-N	B-N	C-N	A-PE	B-PE	C-PE	PE-N
层段路别名称编号											

测试结果：

测试人：

旁站监督人：

施工单位复查结果：	监理（建设）单位核查结论：
施工单位项目 专业技术负责人：　　　年　　月　　日	项目专业监理工程师 （建设单位项目技术负责人）：　　监理（建设）项目部（章） 　　　　　　　　　　　　　　　　年　　月　　日

注：该记录适用于单相、单相三线、三相四线、三相五线制的照明、动力线路及电缆线路、电机等绝缘电阻的测试。表中 A 代表
　　第一相、B 代表第二相、C 代表第三相、N 代表零线（中性线）、PE 代表接地线。施工单位应在导线敷设完成后和电气设备安
　　装完成后分别进行一次绝缘电阻测试记录。

表 5-16　低压配电电源质量检查记录

低压配电电源质量检查记录

湘质监统编

施 2015—188

工程名称：　　　　　　　　　　　　　　　　　　　　　　　编号：

施工单位				检查部位	
序号	检查内容		质量要求	检 查 记 录	
1	供电电压允许偏差	三相 380V	＋7％、－7％		
		单相 220V	＋7％、－10％		
2	公共电网谐波电压限值（380 V）	电压总谐波畸变率	≤5％		
		奇次（1～25 次）谐波含有率	4％		
		偶次（2～24 次）谐波含有率	2％		
3	谐波电流允许值		12.2.3		
4	三相电压不平衡		≤2％		
			短时≤4％		
施工单位检查结果评定	项目专业质量检查员： 项目专业技术负责人： 　　　　　　　　　　　　　　　　　　　年　　月　　日				
监理（建设）单位验收结论	专业监理工程师 （建设单位项目技术负责人）： 　　　　　　　　　　　　　　　　　　　年　　月　　日				

表 5-17　建筑物照明全负荷通电试运行记录

建筑物照明全负荷通电试运行记录

湘质监统编
施 2015—189

工程名称：　　　　　　　　　　　　　　　　　　　　　　　　　编号：

施工单位				试运行日期	年　月　日	
分部工程名称				施工图号		
盘柜编号						
测试电流值/A 时间/h	A	B	C	A	B	C	A	B	C

测试电流值/A　时间/h	A	B	C	A	B	C	A	B	C

照度检测	检测部位			
	设计值/Lx			
	实测值/Lx			

试运行结论：

监理(建设)单位： 专业监理工程师 (建设单位项目技术负责人)： 　　　　　年　月　日	施工单位： 安装项目技术负责人： 施工员： 质量员： 　　　　年　月　日

模块 6

建筑节能工程文件

表 6-1 建筑节能保温材料试验报告汇总表

建筑节能保温材料试验报告汇总表

湘质监统编 施 2015—213

共 页 第 页

工程名称：

批次	材料名称	出厂批（编）号	进场数量（批）（组）	本项目数量（批）（组）	使用部位	进场日期	送检日期	试验日期	报告编号	物理、化学性能试验结果 检测项目	物理、化学性能试验结果 设计值	物理、化学性能试验结果 试验值	试验结论	生产厂家	出厂材质证明	备注
						年 月 日	年 月 日	年 月 日								
						年 月 日	年 月 日	年 月 日								
						年 月 日	年 月 日	年 月 日								
						年 月 日	年 月 日	年 月 日								
						年 月 日	年 月 日	年 月 日								
						年 月 日	年 月 日	年 月 日								
						年 月 日	年 月 日	年 月 日								
						年 月 日	年 月 日	年 月 日								
						年 月 日	年 月 日	年 月 日								

施工单位项目技术负责人： （项目部章） 总监理工程师（建设单位项目技术负责人）： （项目部章） 填表人：

表6-2 建筑节能工程进场材料、设备和构件验收记录

建筑节能工程进场材料、设备和构件验收记录

湘质监统编
施 2015—214

工程名称： 　　　　　　　　　　　　　　　　　　　　　　　　编号：

材料、设备、构件名称		数量		进场日期	年　月　日
拟用于何分项工程					
质量证明文件核查情况	一、文件 (1) 厂家资质、生产许可证、合格证 (2) 进口商品出入境检验合格证明 (3) 说明书 (4) 型式试验报告及相关性能检测报告 (5) 其他证明文件　合格证、新型材料认定证书 二、技术参数 与设计要求相符 与设计要求不相符				
现场检查情况	一、外观及包装状况 (1) 完好 (2) 有轻微缺陷 (3) 有严重缺陷 (4) 其他　　　　　　　　　　 二、抽检　　　　个样品,品种、规格、型号、尺寸: 实物与质量证明文件相符 实物与质量证明文件不相符				
见证取样送检复验的情况	一、复验以下项目 (1) 　　　　　　　　　　　; (2) 　　　　　　　　　　　; (3) 　　　　　　　　　　　; (4) 　　　　　　　　　　　。 二、检测机构名称:　　　　　　　　　 三、复验报告 与设计要求相符 与设计要求不相符				
综合结论	本批材料设备的品种、规格、型号、尺寸、技术参数、复验结果与设计要求: 相符 不相符				
是否同意本批材料设备构件应用于本工程	监理(建设)单位检查验收意见: 专业监理工程师(建设单位 项目专业技术负责人): 　　　　　　　　　　　　　　　　年　月　日				

注:本表中核查、检查、复验的内容由监理(建设)单位填写;要求本表与"工程材料、构配件、设备报审表"(施2015—103)配套使用。

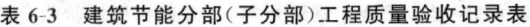

表 6-3　建筑节能分部(子分部)工程质量验收记录表

建筑节能分部(子分部)工程质量验收记录表

湘质监统编

施 2015—215

工程名称：　　　　　　　　　　　　　　　　　　　　　　　　编号：

施工单位			技术负责人		质量部门负责人	
分包单位			分包单位负责人		分包单位技术负责人	
序号	分项工程名称		检验批数量	施工单位检查结果	监理单位验收结论	
1	墙体节能工程					
2	幕墙节能工程					
3	门窗节能工程					
4	屋面节能工程					
5	楼、地面节能工程					
6	采暖节能工程					
7	通风与空调节能工程					
8	空调与采暖系统的冷热源及管网节能工程					
9	配电与照明节能工程					
10	监测与控制节能工程					
	质量控制资料					
	外墙节能构造现场实体检测					
	外窗气密性现场实体检测					
	系统节能性能检测					
验收结论						
监理(建设)单位 (公章) 总监理工程师 (建设单位项目负责人)： 年　月　日	施工总包单位 (公章) 项目负责人： 年　月　日		施工分包单位 (公章) 项目负责人： 年　月　日		设计单位 (公章) 项目负责人： 年　月　日	

表6-4 建筑节能工程施工条件审查表

建筑节能工程施工条件审查表

湘质监统编

施2015—216

编号：

工程名称										
建筑类型	居住		公共	建筑面积/m²			层数	地下 层，地上 层		
墙体节能 面积/m²			外窗及幕墙面积	外窗 m²； 石材幕墙 m²； 铝材幕墙 m²； 玻璃幕墙 m²；						
建设单位				项目负责人			手机号码			
设计单位				项目负责人			手机号码			
监理单位				总监理工程师			手机号码			
施工单位				项目经理			手机号码			
施工图审查机构				审查负责人			手机号码			

墙体 节能 工程	保温形式	外保温 内保温 自保温			保温材料		燃烧性能		厚度/mm	
	外墙饰面材料	外墙涂料 饰面砖 石材幕墙 铝材幕墙 玻璃幕墙 其他								
	外墙保温具体做法									

屋面 节能 工程	屋面保温材料		燃烧性能等级		厚度/mm	
	屋面保温 具体做法					

门窗 节能 工程	外窗型材	铝合金		塑钢	其他
		普通	断热		
	玻璃种类	普通中空 LOW-E		玻璃及中空厚度/mm	＋ A ＋

地面 节能 工程	底部自然通风的架空层楼板保温隔热法：	保温材料	燃烧性能等级	厚度/mm
	楼地面保温隔热做法：	保温材料	燃烧性能等级	厚度/mm

幕墙 节能 工程	玻璃幕墙	面积/m²	玻璃种类		玻璃及中空厚度/mm
			普通中空 单层LOW-E 双层LOW-E		＋ A ＋
	石材幕墙	面积/m²	保温材料	燃烧性能等级	厚度/mm
	铝材幕墙	面积/m²	保温材料	燃烧性能等级	厚度/mm
	其他				

采暖 节能 工程	是否选用散热器	保温材料
	是 否	

续表

通风与空调工程	是否选用风机盘管		绝热材料	
	是　　　　否			
其他节能工程				
节能材料是否有符合要求的型式检验报告	屋面节能料	墙体材料	门窗	幕墙
	是　　否	是　　否	是　　否	是　　否
建筑节能设计	是否有设计变更	变更内容		变更是否通过原审图机构审查
	是　　否			是　　否
建筑节能信息公示牌	是否按要求制作民用建筑节能信息公示牌并悬挂于显要位置		内容是否符合通过施工图审查的设计及变更	
	是　　　　否		是　　　否	

是否按要求编审建筑节能专项施工方案	是　　否	是否按要求编审建筑节能专项监理方案	是　　否
是否按要求编审建筑节能检测方案	是　　否	是否按要求签订建筑节能检测合同	是　　否

建筑节能施工前建设单位是否组织设计交底与图纸会审(质量监督工程师参加)：　　是　　否

分包单位核查意见	建筑节能工程具备开工条件,同意进行施工。 建筑节能工程不具备开工条件,不同意进行施工。 　　　　　技术负责人：_____ 　　　　　项目负责人：_____(盖章) 　　　　　　　　　　　年　月　日
总包单位核查意见	建筑节能工程具备开工条件,同意进行施工。 建筑节能工程不具备开工条件,不同意进行施工。 　　　　　技术负责人：_____ 　　　　　项目负责人：_____(盖章) 　　　　　　　　　　　年　月　日
监理单位核查意见	建筑节能工程具备开工条件,同意进行施工。 建筑节能工程不具备开工条件,不同意进行施工。 　　　　　技术负责人：_____ 　　　　　项目负责人：_____(盖章) 　　　　　　　　　　　年　月　日
建设单位核查意见	建筑节能工程具备开工条件,同意进行施工。 建筑节能工程不具备开工条件,不同意进行施工。 　　　　　技术负责人：_____ 　　　　　项目负责人：_____(盖章) 　　　　　　　　　　　年　月　日

注：(1) 建筑节能施工条件审查表一式四份,建设单位、总包单位、监理单位、监督机构各执一份。
　　(2) 本表由建设单位组织填写,并于建筑节能工程施工前报监督机构。
　　(3) 建筑节能工程完工后由监理单位组织建筑节能分部工程验收,建设、施工监理单位参加,质监部门监督验收。

表6-5　建筑节能检测情况核查表

建筑节能检测情况核查表

湘质监统编
施 2015—217

工程名称：　　　　　　　　　　　　　　　　　　　　　　　　　　编号：

节能分项		检测内容	检测批次	检测结论是否符合设计及规范要求
墙体节能工程	1	保温材料的导热系数、密度、抗压强度或压缩强度、燃烧性能		是　　否
	2	黏结材料的黏结强度		是　　否
	3	增强网的力学性能、抗腐蚀性能		是　　否
	4	同条件试块		是　　否
	5	抽芯检测		是　　否
	6			
屋面节能工程	1	保温隔热材料的导热系数、密度、抗压强度或压缩强度、燃烧性能		是　　否
	2	同条件试块		是　　否
	3			
门窗节能工程	1	玻璃遮阳系数、可见光透射比、中空玻璃露点、传热系数		是　　否
	2	三性检测、保温性能		是　　否
	3	现场气密性		是　　否
	4			
地面节能工程	1	保温材料的导热系数、密度、抗压强度或压缩强度、燃烧性能		是　　否
	2			
幕墙节能工程	1	保温材料的导热系数、密度、燃烧性能		是　　否
	2	幕墙玻璃的可见光透射比、传热系数、遮阳系数、中空玻璃露点		是　　否
	3	隔热型材的抗拉强度、抗剪强度		是　　否
	4	四性检测		是　　否
	5			
采暖、通风与空调等其他节能分项工程	1	散热器的单位散热量、金属热强度		是　　否
	2	保温材料的导热系数、密度、吸水率		是　　否
	3	风机盘管机组的供冷量、供热量、风量、出口静压、噪声及功率		是　　否
	4	绝热材料的导热系数、密度、吸水率		是　　否
	5			
监理（建设）单位核查意见		总监理工程师（建设单位项目技术负责人）：＿＿＿＿＿＿＿＿＿＿＿＿ （盖章） 年　　月　　日		

注：①本表由监理（建设）单位负责填写；

　　②检测报告的检测结论应明确注明是否满足设计及规范要求。

表 6-6　建筑节能施工与设计符合性情况核查表

建筑节能施工与设计符合性情况核查表

湘质监统编
施 2015—218

工程名称：　　　　　　　　　　　　　　　　　　　　　　　　编号：

建筑节能分项	施工过程中是否有变更	变更是否有设计变更通知	变更后是否经过施工图审查	变更内容
墙体节能分项工程	是 否	是 否	是 否	
屋面节能分项工程	是 否	是 否	是 否	
门窗节能分项工程	是 否	是 否	是 否	
地面节能分项工程	是 否	是 否	是 否	
幕墙节能分项工程	是 否	是 否	是 否	
其他	是 否	是 否	是 否	
分包单位核查意见	总包单位核查意见	监理单位核查意见	建设单位核查意见
项目负责人： （公章） 　年　月　日	项目负责人： （公章） 　年　月　日	总监理工程师： （公章） 　年　月　日	项目负责人： （公章） 　年　月　日

表 6-7　建筑节能施工及验收应提交的主要资料

建筑节能施工及验收应提交的主要资料

湘质监统编

施 2015—219

1. 建筑节能工程施工条件审查表(施 2015－216 表)
2. 建筑节能计算书
3. 建筑节能设计专篇(三章齐全)及施工图审查报告,公共建筑(住宅)节能审查意见表
4. 建筑节能设计变更及变更后的施工图审查报告
5. 建筑节能材料的型式检验报告(含墙体、屋面、门窗、幕墙、地面等分项)
6. 建筑节能施工方案及编审记录
7. 建筑节能监理方案及编审记录
8. 检测单位的资质,建筑节能检测合同和检测方案及编审记录
9. 建筑节能隐蔽验收记录,检验批验收记录,材料进场验收记录等质量控制资料
10. 建筑节能检测报告(含原材料、同条件试块等见证取样检测报告及外窗气密性、抽芯等现场实体检测报告)
11. 建筑节能检测情况核查表(施 2015－217 表)
12. 建筑节能施工与设计符合性情况核查表(施 2015－218 表)
13. 建筑节能分部(子分部)工程质量验收记录表(施 2015－215 表)

注:建筑节能施工前应提交的主要资料为 1～8 项,建筑节能验收前应提交的主要资料为 1～12 项,单位工程竣工验收后将表
　1～4 报监督机构存档。

附件:民用建筑节能信息公示牌(样式)(施 2015－220 表)。

表 6-8 民用建筑节能信息公示牌(样式)

民用建筑节能信息公示牌(样式)

湘质监统编
施 2015—220

建设单位				
项目名称				
节能标准				
节能措施	围护结构	屋面	传热系数/[W/(m² · K)]	
			保温材料名称	
			容重/(kg/m³)	
			厚度/mm	
		墙体	传热系数/[W/(m² · K)]	
			构造形式	
			保温材料名称	
			容重/(kg/m³)	
			厚度/mm	
		门窗	传热系数/[W/(m² · K)]	
			构造形式	
			空气间层厚度/mm	
	楼梯间墙保温材料及厚度/mm			
	地下室顶板保温材料及厚度/mm			
	可再生能源利用		利用形式	
			保证率	
构造示意图		外墙外保温构造图		倒置式屋面保温构造图
其他节能措施				

本单位郑重承诺: (本表内容与审图机构审查通过的施工图设计文件是否一致。)

建设单位负责人签字:

年 月 日

投诉举报电话××××-×××××××× (省质安监总站)

注:公示牌制作、安装样式规定为:①节能公示牌尺寸不得小于 600 mm×800 mm;②材质由各单位自定,最好用不锈钢,起到防锈的效果;③公示牌要求蓝底白字,喷绘字体清楚。

模块 7

分项工程文件

单元 1 地基基础分项工程检验批

表 7-1　地基与基础工程检验批划分

地基与基础工程检验批划分

序号	子分部工程	分项工程	检验批名称	编号
1	地基01	素土、灰土地基(01)	素土、灰土地基检验批质量验收记录	01010101
2		砂和砂石地基(02)	砂和砂石地基检验批质量验收记录	01010201
3		土工合成材料地基(03)	土工合成材料地基检验批质量验收记录	01010301
4		粉煤灰地基(04)	粉煤灰地基检验批质量验收记录	01010401
5		强夯地基(05)	强夯地基检验批质量验收记录	01010501
6		注浆地基(06)	注浆地基检验批质量验收记录	01010601
7		预压地基(07)	预压地基检验批质量验收记录	01010701
8		砂石桩复合地基(08)	砂石桩复合地基检验批质量验收记录	01010801
9		高压旋喷注浆地基(09)	高压旋喷注浆地基检验批质量验收记录	01010901
10		水泥土搅拌桩地基(10)	水泥土搅拌桩地基检验批质量验收记录	01011001
11		土和灰土挤密桩复合地基(11)	土和灰土挤密桩复合地基检验批质量验收记录	01011101
12		水泥粉煤灰碎石桩复合地基(12)	水泥粉煤灰碎石桩复合地基检验批质量验收记录	01011201
13		夯实水泥土桩复合地基(13)	夯实水泥土桩复合地基检验批质量验收记录	01011301

序号	子分部工程	分项工程	检验批名称	编号
14		无扩展基础(01)	砖砌体检验批质量验收记录	01020101
15			混凝土小型空心砌块砌体检验批质量验收记录	01020102
16			石砌体检验批质量验收记录	01020103
17			配筋砌体检验批质量验收记录	01020104
18		钢筋混凝土扩展基础(02)	模板安装检验批质量验收记录	01020201
19			模板拆除检验批质量验收记录	01020202
20			钢筋原材料检验批质量验收记录	01020203
21			钢筋加工检验批质量验收记录	01020204
22			钢筋连接检验批质量验收记录	01020205
23			钢筋安装检验批质量验收记录	01020206
24			混凝土原材料检验批质量验收记录	01020207
25			混凝土配合比检验批质量验收记录	01020208
26			混凝体施工检验批质量验收记录	01020209
27			现浇结构外观及尺寸偏差检验批质量验收记录	01020210
28	基础02		混凝土设备基础外观及尺寸偏差检验批质量验收记录	01020211
29		筏形与箱形基础(03)	模板安装检验批质量验收记录	01020301
30			模板拆除检验批质量验收记录	01020302
31			钢筋原材料检验批质量验收记录	01020303
32			钢筋加工检验批质量验收记录	01020304
33			钢筋连接检验批质量验收记录	01020305
34			钢筋安装检验批质量验收记录	01020306
35			混凝土原材料检验批质量验收记录	01020307
36			混凝土配合比检验批质量验收记录	01020308
37			混凝土施工检验批质量验收记录	01020309
38			现浇结构外观及尺寸偏差检验批质量验收记录	01020310
39			混凝土设备基础外观及尺寸偏差检验批质量验收记录	01020311
40		钢结构基础(04)	钢结构焊接检验批质量验收记录	01020401
41			焊钉(栓钉)焊接工程检验批质量验收记录	01020402
42			紧固件连接检验批质量验收记录	01020403
43			高强螺栓连接检验批质量验收记录	01020404
44			钢零部件加工检验批质量验收记录	01020405
45			钢构件组装检验批质量验收记录	01020406
46			钢构件预拼装检验批质量验收记录	01020407

续表

序号	子分部工程	分项工程	检验批名称	编号
47			单层钢结构安装检验批质量验收记录	01020408
48			多层及高层钢结构安装检验批质量验收记录	01020409
49		钢结构基础(04)	压型金属板检验批质量验收记录	01020410
50			防腐涂料涂装检验批质量验收记录	01020411
51			防火涂料涂装检验批质量验收记录	01020412
52			钢管构件进场验收检验批质量验收记录	01020501
53			构件现场拼装检验批质量验收记录	01020502
54		钢管混凝土结构基础(05)	钢管混凝土柱柱脚锚固检验批质量验收记录	01020503
55			构件安装检验批质量验收记录	01020504
56			钢管混凝土柱与钢筋混凝土梁连接验收批质量验收记录	01020505
57			钢管内钢筋骨架检验批质量验收记录	01020506
58			钢管内混凝土浇筑检验批质量验收记录	01020507
59			型钢焊接工程检验批质量验收记录	01020601
60			紧固件连接工程检验批质量验收记录	01020602
61		型钢混凝土结构基础(06)	型钢与钢筋连接工程检验批质量验收记录	01020603
62			型钢构件组装及预拼装工程检验批质量验收记录	01020604
63	基础(02)		型钢安装工程检验批质量验收记录	01020605
64			模板工程检验批质量验收记录	01020606
65			混凝土工程检验批质量验收记录	01020607
66		钢筋混凝土预制桩基础(07)	钢筋混凝土预制桩(钢筋骨架)检验批质量验收记录	01020701
67			钢筋混凝土预制桩基础检验批质量验收记录	01020702
68		泥浆护壁成孔灌注桩基础(08)	混凝土灌注桩(钢筋笼)检验批质量验收记录	01020801
69			混凝土灌注桩检验批质量验收记录	01020802
70		干作业成孔桩基础(09)	混凝土灌注桩(钢筋笼)检验批质量验收记录	01020901
71			混凝土灌注桩检验批质量验收记录	01020902
72		长螺旋钻孔压灌桩基础(10)	混凝土灌注桩(钢筋笼)检验批质量验收记录	01021001
73			混凝土灌注桩检验批质量验收记录	01021002
74		沉管灌注桩基础(11)	混凝土灌注桩(钢筋笼)检验批质量验收记录	01021101
75			混凝土灌注桩检验批质量验收记录	01021102
76		钢桩基础(12)	钢桩基础检验批质量验收记录	01021201
77			钢桩施工工程检验批质量验收记录	01021202
78		锚杆静压桩基础(13)	锚杆静压桩基础检验批质量验收记录	01021301
79		岩石锚杆基础(14)	岩石锚杆基础检验批质量验收记录	01021401
80		沉井与沉箱基础(15)	沉井与沉箱基础检验批质量验收记录	01021501

续表

序号	子分部工程	分项工程	检验批名称	编号
81	基坑支护(03)	灌注桩排桩围护墙(01)	混凝土灌注桩(钢筋笼)检验批质量验收记录	01030101
82			混凝土灌注桩检验批质量验收记录	01030102
83		板桩围护墙(02)	重复使用钢板桩围护墙检验批质量验收记录	01030201
84			混凝土板桩围护墙检验批质量验收记录	01030202
85		咬合桩围护墙(03)	咬合桩围护墙检验批质量验收记录	01030301
86		型钢水泥土搅拌墙(04)	型钢水泥重力式挡墙检验批质量验收记录	01030401
87		土钉墙(05)	土钉墙检验批质量验收记录	01030501
88		地下连续墙(06)	地下连续墙检验批质量验收记录	01030601
89		水泥土重力式挡墙(07)	水泥土重力式挡墙检验批质量验收记录	01030701
90		内支撑(08)	内支撑检验批质量验收记录	01030801
91		锚杆(09)	锚杆检验批质量验收记录	01030901
92		与主体结构相结合的基坑支护(10)	与主体结构相结合的基坑支护检验批质量验收记录	01031001
93	地下水控制(04)	降水与排水(01)	降水与排水检验批质量验收记录	01040101
94		回灌(02)	回灌检验批质量验收记录	01040201
95	土方(05)	土方开挖(01)	土方开挖工程检验批质量验收记录	01050101
96		土方回填(02)	土方回填工程检验批质量验收记录	01050201
97		场地平整(03)	场地平整检验批质量验收记录	01050301
98	边坡(06)	喷锚支护(01)	喷锚支护检验批质量验收记录	01060101
99		挡土墙(02)	挡土墙检验批质量验收记录	01060201
100		边坡开挖(03)	边坡开挖检验批质量验收记录	01060301
101	地下防水(07)	主体结构防水(01)	防水混凝土检验批质量验收记录	01070101
102			水泥砂浆防水层检验批质量验收记录	01070102
103			卷材防水层检验批质量验收记录	01070103
104			涂料防水层检验批质量验收记录	01070104
105			塑料防水板防水层检验批质量验收记录	01070105
106			金属板防水层检验批质量验收记录	01070106
107			膨润土防水材料防水层检验批质量验收记录	01070107

序号	子分部工程	分项工程	检验批名称	编号
108	地下防水（07）	细部构造防水（02）	施工缝检验批质量验收记录	01070201
109			变形缝检验批质量验收记录	01070202
110			后浇带检验批质量验收记录	01070203
111			穿墙管检验批质量验收记录	01070204
112			埋设检验批质量验收记录	01070205
113			预留通道接头检验批质量验收记录	01070206
114			桩头检验批质量验收记录	01070207
115			孔口检验批质量验收记录	01070208
116			坑、池检验批质量验收记录	01070209
117		特殊施工法结构防水（03）	锚喷支护检验批质量验收记录	01070301
118			地下连续墙检验批质量验收记录	01070302
119			盾构隧道检验批质量验收记录	01070303
120			沉井检验批质量验收记录	01070304
121			逆筑结构检验批质量验收记录	01070305
122		排水（04）	渗排水、盲沟排水检验批质量验收记录	01070401
123			隧道排水、坑道排水检验批质量验收记录	01070402
124			塑料排水板排水检验批质量验收记录	01070403
125		注浆（05）	预注浆、后注浆检验批质量验收记录	01070501
126			结构裂缝注浆检验批质量验收记录	01070502

表 7-2　混凝土灌注桩(钢筋笼)检验批质量验收记录

混凝土灌注桩(钢筋笼)检验批质量验收记录(Ⅰ)

01020901＿＿＿＿

单位(子单位) 工程名称				分部(子分部) 工程名称			分项工程名称		
施工单位				项目负责人			检验批容量		
分包单位				分包单位项目 负责人			检验批部位		
施工依据					验收依据				

		验收项目	设计要求及 规范规定	最小/实际 抽样数量	检查记录	检查结果
主控项目	1	主筋间距/mm	±10	/		
	2	长度/mm	±100	/		
一般项目	1	钢筋材质检验	设计要求	/		
	2	箍筋间距/mm	±20	/		
	3	直径/mm	±10	/		

施工单位 检查结果	专业工长(施工员)： 项目专业质量检查员： 　年　　月　　日
监理(建设)单位 验收结论	专业监理工程师 (建设单位项目专业负责人)： 　年　　月　　日

注:本表内容的填写需依据《现场验收检验批检查原始记录》。

表 7-3 混凝土灌注桩检验批质量验收记录

混凝土灌注桩检验批质量验收记录（Ⅱ）

01020902 _____

单位（子单位）工程名称			分部（子分部）工程名称			分项工程名称	
施工单位			项目负责人			检验批容量	
分包单位			分包单位项目负责人			检验批部位	
施工依据			验收依据				

		验收项目		设计要求及规范规定	最小/实际抽样数量	检查记录	检查结果
主控项目	1	桩位		见本规范表 5.1.4	/		
	2	孔深/mm		+300	/		
	3	桩体质量检验		设计要求	/		
	4	混凝土强度		设计要求 C	/		
	5	承载力		设计要求	/		
一般项目	1	垂直度		见本规范表 5.1.4	/		
	2	桩径		见本规范表 5.1.4	/		
	3	泥浆比重（黏土或砂性土中）		1.15～1.20	/		
	4	泥浆面标高（高于地下水位）/m		0.5～1.0	/		
	5	沉渣厚度	端承桩/mm	≤50	/		
			摩擦桩/mm	≤150	/		
	6	混凝土坍落度	水下灌注/mm	160～220	/		
			干施工/mm	70～100	/		
	7	钢筋笼安装深度/mm		±100	/		
	8	混凝土充盈系数		＞1	/		
	9	桩顶标高/mm		+30，-50	/		

施工单位检查结果	专业工长（施工员）： 项目专业质量检查员： 年　月　日
监理（建设）单位验收结论	专业监理工程师 （建设单位项目专业负责人）： 年　月　日

注：本表内容的填写需依据《现场验收检验批检查原始记录》。

表7-4 土方开挖工程检验批质量验收记录

土方开挖工程检验批质量验收记录

01050101

单位(子单位) 工程名称			分部(子分部) 工程名称			分项工程名称	
施工单位			项目负责人			检验批容量	
分包单位			分包单位项目 负责人			检验批部位	
施工依据				验收依据			

		验收项目	设计要求及规范规定		最小/实际 抽样数量	检查记录	检查结果
主控项目	1	标高	桩基基坑基槽	-50	/		
			场地平整 人工	±30	/		
			场地平整 机械	±50	/		
			管沟	-50	/		
			地(路)面基础层	-50	/		
	2	长度、宽度 (由设计中心线 向两边量)	桩基基坑基槽	$+200$ -50	/		
			场地平整 人工	$+300$ -100	/		
			场地平整 机械	$+500$ -150	/		
			管沟	$+100$	/		
	3	边坡	设计要求		/		
一般项目	1	表面平整度	桩基基坑基槽	20	/		
			场地平整 人工	20	/		
			场地平整 机械	50	/		
			管沟	20	/		
			地(路)面基础层	20	/		
	2	基底土性	设计要求		/		

施工单位 检查结果	专业工长(施工员): 项目专业质量检查员: 年 月 日
监理(建设)单位 验收结论	专业监理工程师 (建设单位项目专业负责人): 年 月 日

注:本表内容的填写需依据《现场验收检验批检查原始记录》。

表7-5　土方回填工程检验批质量验收记录

土方回填工程检验批质量验收记录

01050201 _____

单位(子单位) 工程名称				分部(子分部) 工程名称			分项工程名称	
施工单位				项目负责人			检验批容量	
分包单位				分包单位项目 负责人			检验批部位	
施工依据						验收依据		

		验收项目		设计要求及规范规定		最小/实际 抽样数量	检查记录	检查结果
主控项目	1	标高	桩基基坑基槽		−50	/		
			场地平整	人工	±30	/		
				机械	±50	/		
			管沟		−50	/		
			地(路)面基础层		−50	/		
	2	分层压实系数	设计要求			/		
一般项目	1	回填土料	设计要求			/		
	2	分层厚度及含水量	设计要求			/		
	3	表面平整度	桩基基坑基槽		20	/		
			场地平整	人工	20	/		
				机械	30	/		
			管沟		20	/		
			地(路)面基础层		20	/		

施工单位 检查结果	专业工长(施工员)： 项目专业质量检查员： 　　　　年　　月　　日
监理(建设)单位 验收结论	专业监理工程师 (建设单位项目专业负责人)： 　　　　年　　月　　日

注：本表内容的填写需依据《现场验收检验批检查原始记录》。

表7-6 防水混凝土检验批质量验收记录表

防水混凝土检验批质量验收记录表

01070101 _____

单位(子单位) 工程名称		分部(子分部) 工程名称		分项工程名称	
施工单位		项目负责人		检验批容量	
分包单位		分包单位项目 负责人		检验批部位	
施工依据			验收依据		

		验收项目	设计要求及 规范规定	最小/实际 抽样数量	检查记录	检查结果
主控项目	1	防水混凝土的原材料、配合比及坍落度	第4.1.14条	/		
	2	防水混凝土的抗压强度和抗渗性能	第4.1.15条	/		
	3	防水混凝土结构的变形缝、施工缝、后浇带、穿墙管、埋设件等设置和构造	第4.1.16条	/		
一般项目	1	防水混凝土结构表面应坚实、平整,不得有露筋、蜂窝等缺陷;埋设件位置应准确	第4.1.17条	6/6		100%
	2	防水混凝土结构表面的裂缝宽度	≤0.2 mm	6/6		100%
	3	防水混凝土结构厚度不应小于250 mm	+8 mm −5 mm	6/6		100%
		主体结构迎水面钢筋保护层厚度不应小于50 mm	±5 mm	6/6		100%

施工单位 检查结果	专业工长(施工员): 项目专业质量检查员: 年　月　日
监理(建设)单位 验收结论	专业监理工程师 (建设单位项目专业负责人): 年　月　日

注:本表内容的填写需依据《现场验收检验批检查原始记录》。

表 7-7　水泥砂浆防水层检验批质量验收记录

水泥砂浆防水层检验批质量验收记录

01070102　_____

单位(子单位) 工程名称			分部(子分部) 工程名称		分项工程名称	
施工单位			项目负责人		检验批容量	
分包单位			分包单位项目 负责人		检验批部位	
施工依据				验收依据		

		验收项目	设计要求及 规范规定	最小/实际 抽样数量	检查记录	检查结果
主控项目	1	防水砂浆的原材料及配合比	第4.2.7条	/		
	2	防水砂浆的黏结强度和抗渗性能	第4.2.8条	/		
	3	水泥砂浆防水层与基层之间应结合 牢固,无空鼓现象	第4.2.9条	/		
一般项目	1	水泥砂浆防水层表面应密实、平整, 不得有裂纹、起砂、麻面等缺陷	第4.2.10条	/		
	2	水泥砂浆防水层施工缝留槎位置应 正确,接槎应按层次顺序操作,层层 搭接紧密	第4.2.11条	/		
	3	水泥砂浆防水层的平均厚度应符合 设计要求	厚度≥ 设计值的85%	/		
	4	水泥砂浆防水层表面平整度	5 mm	/		

施工单位 检查结果	专业工长(施工员): 项目专业质量检查员: 年　　月　　日
监理(建设)单位 验收结论	专业监理工程师 (建设单位项目专业负责人): 年　　月　　日

注:本表内容的填写需依据《现场验收检验批检查原始记录》。

表7-8 变形缝检验批质量验收记录

变形缝检验批质量验收记录

01070202_____

单位(子单位) 工程名称		分部(子分部) 工程名称		分项工程名称	
施工单位		项目负责人		检验批容量	
分包单位		分包单位项目 负责人		检验批部位	
施工依据			验收依据		

主控项目		验收项目	设计要求及 规范规定	最小/实际 抽样数量	检查记录	检查结果
主控项目	1	变形缝用止水带、填缝材料和密封材料	第5.2.1条	/		
主控项目	2	变形缝防水构造	第5.2.2条	/		
主控项目	3	中埋式止水带埋设位置	第5.2.3条	/		
一般项目	1	中埋式止水带的接缝和接头	第5.2.4条	/		
一般项目	2	中埋式止水带在转角处应做成圆弧形	第5.2.5条	/		
一般项目	2	顶板、底板内止水带应安装成盆状，并宜采用专用钢筋套或扁钢固定	第5.2.5条	/		
一般项目	3	外贴式止水带在变形缝与施工缝相交部位和变形缝转角部位设置	第5.2.6条	/		
一般项目	3	外贴式止水带埋设位置和敷设	第5.2.6条	/		
一般项目	4	安设于结构内侧的可卸式止水带	第5.2.7条	/		
一般项目	5	嵌填密封材料的缝内处理	第5.2.8条	/		
一般项目	5	嵌缝底部应设置背衬材料	第5.2.8条	/		
一般项目	5	密封材料嵌填	第5.2.8条	/		
一般项目	6	变形缝处表面粘贴卷材或涂刷涂料前设置	第5.2.9条	/		

施工单位 检查结果	专业工长(施工员)： 项目专业质量检查员： 年　　月　　日
监理(建设)单位 验收结论	专业监理工程师 (建设单位项目专业负责人)： 年　　月　　日

注:本表内容的填写需依据《现场验收检验批检查原始记录》。

表 7-9　桩头检验批质量验收记录

桩头检验批质量验收记录

01070207 _____

		单位(子单位)工程名称		分部(子分部)工程名称		分项工程名称	
		施工单位		项目负责人		检验批容量	
		分包单位		分包单位项目负责人		检验批部位	
		施工依据		验收依据			

		验收项目	设计要求及规范规定	最小/实际抽样数量	检查记录	检查结果
主控项目	1	桩头用防水材料	第5.7.1条	/		
	2	桩头防水构造	第5.7.2条	/		
	3	桩头混凝土	第5.7.3条	/		
一般项目	1	桩头顶面和侧面裸露处应涂刷水泥基渗透结晶型防水涂料,并延伸至结构底板垫层150 mm处	第5.7.4条	/		
		桩头周围300 mm范围内应抹聚合物水泥防水砂浆过渡层	第5.7.4条	/		
	2	结构底板防水层应做在聚合物水泥防水砂浆过渡层上并延伸至桩头侧壁,其与桩头侧壁接缝处应用密封材料嵌填	第5.7.5条	/		
	3	桩头的受力钢筋根部应采用遇水膨胀止水条或止水胶,并应采取保护措施	第5.7.6条	/		
	4	遇水膨胀止水条应具有缓膨胀性能	第5.1.8条	/		
		止水条埋设	第5.1.8条	/		
	5	遇水膨胀止水胶施工	第5.1.9条	/		
	6	密封材料嵌填	第5.7.8条	/		

施工单位检查结果	专业工长(施工员): 项目专业质量检查员: 　　　　年　月　日
监理(建设)单位验收结论	专业监理工程师 (建设单位项目专业负责人): 　　　　年　月　日

注:本表内容的填写需依据《现场验收检验批检查原始记录》。

单元 2 主体分项工程检验批

表 7-10　主体结构工程检验批划分

主体结构工程检验批划分

序号	子分部工程	分项工程	检验批名称	编号
1	混凝土结构（01）	模板（01）	模板安装检验批质量验收记录	02010101
2			预制构件模板安装检验批质量验收记录	02010102
3		钢筋（02）	钢筋原材料检验批质量验收记录	02010201
4			钢筋加工检验批质量验收记录	02010202
5			钢筋连接检验批质量验收记录	02010203
6			钢筋安装检验批质量验收记录	02010204
7		混凝土（03）	混凝土原材料检验批质量验收记录	02010301
8			混凝土拌和物检验批质量验收记录	02010302
9			混凝土施工检验批质量验收记录	02010303
10		预应力（04）	预应力原材料检验批质量验收记录	02010401
11			预应力制作与安装检验批质量验收记录	02010402
12			预应力张拉与放大检验批质量验收记录	02010403
13			预应力灌浆与封锚检验批质量验收记录	02010404
14		现浇结构（05）	现浇结构外观及尺寸偏差检验批质量验收记录	02010501
15			混凝土设备基础外观及尺寸偏差检验批质量验收记录	02010502
16		装配式结构（06）	装配式结构预制构件检验批质量验收记录	02010601
17			装配式结构安装与连接检验批质量验收记录	02010602
18	砌体结构（02）	砖砌体（01）	砖砌体检验批质量验收记录	02020101
19		混凝土小型空心砌块砌体（02）	混凝土小型空心砌块砌体检验批质量验收记录	02020201
20		石砌体（03）	石砌体检验批质量验收记录	02020301
21		配筋砌体（04）	配筋砌体检验批质量验收记录	02020401
22		填充墙砌体（05）	填充墙砌体检验批质量验收记录	02020501

续表

序号	子分部工程	分项工程	检验批名称	编号
23	钢结构（03）	钢结构焊接（01）	钢结构焊接检验批质量验收记录	02030101
24			焊钉（栓钉）焊接工程检验批质量验收记录	02030102
25		紧固件连接（02）	紧固件连接检验批质量验收记录	02030201
26			高强度螺栓连接检验批质量验收记录	02030202
27		钢零部件加工（03）	钢零部件加工检验批质量验收记录	02030301
28		钢构件组装及预拼装（04）	钢构件组装检验批质量验收记录	02030401
29			钢构件预拼装检验批质量验收记录	02030402
30		单层钢结构安装（05）	单层钢结构安装检验批质量验收记录	02030501
31		多层及高层钢结构安装（06）	多层及高层钢结构安装检验批质量验收记录	02030601
32		钢管结构安装（07）	钢网架制作检验批质量验收记录	02030701
33			钢网架安装检验批质量验收记录	02030702
34		预应力钢索和膜结构（08）	预应力钢索和膜结构检验批质量验收记录	02030801
35		压型金属板（09）	压型金属板检验批质量验收记录	02030901
36		防腐涂料涂装（10）	防腐涂料涂装检验批质量验收记录	02031001
37		防火涂料涂装（11）	防火涂料涂装检验批质量验收记录	02031101
38	钢管混凝土结构（04）	构件现场拼装（01）	钢管构件进场验收检验批质量验收记录	02040101
39			构件现场拼装检验批质量验收记录	02040102
40		构件安装（02）	钢管混凝土柱柱脚锚固检验批质量验收记录	02040201
41			构件安装检验批质量验收记录	02040202
42		钢筋焊接（03）	钢管混凝土柱与钢筋混凝土梁连接检验批质量验收记录	02040301
43		构件连接（04）	钢管混凝土柱与钢筋混凝土梁连接检验批质量验收记录	02040401
44		钢管内钢筋骨架（05）	钢管内钢筋骨架检验批质量验收记录	02040501
45		混凝土（06）	钢管内混凝土检验批质量验收记录	02040601
46	型钢混凝土结构（05）	型钢焊接（01）	型钢内混凝土检验批质量验收记录	02050101
47		紧固件连接（02）	型钢紧固件连接检验批质量验收记录	02050201
48		型钢与钢筋连接（03）	型钢与钢筋连接检验批质量验收记录	02050301
49		型钢构件组装及预拼装（04）	型钢构件组装及预拼装检验批质量验收记录	02050401
50		型钢安装（05）	型钢安装检验批质量验收记录	02050501
51		模板（06）	模板检验批质量验收记录	02050601
52		混凝土（07）	混凝土检验批质量验收记录	02050701

续表

序号	子分部工程	分项工程	检验批名称	编号
53	铝合金构件（06）	铝合金焊接（01）	焊接材料检验批质量验收记录	02060101
54			铝合金构件焊接检验批质量验收记录	02060102
55		紧固件连接（02）	标准紧固件检验批质量验收记录	02060201
56			普通紧固件连接检验批质量验收记录	02060202
57			高强度螺栓连接检验批质量验收记录	02060203
58		铝合金零部件加工（03）	铝合金材料检验批质量验收记录	02060301
59			铝合金零部件切割加工检验批质量验收记录	02060302
60			铝合金零部件边缘加工检验批质量验收记录	02060303
61			球、毂加工检验批质量验收记录	02060304
62			铝合金零部件制孔检验批质量验收记录	02060305
63			铝合金零部件槽、豁、榫加工检验批质量验收记录	02060306
64		铝合金构件组装（04）	螺栓球检验批质量验收记录	02060401
65			铝合金构件组装检验批质量验收记录	02060402
66			铝合金构件端部铣平及安装焊缝坡口检验批质量验收记录	02060403
67	铝合金结构（06）	铝合金构件预拼装（05）	铝合金构件预拼装检验批质量验收记录	02060501
68		铝合金框架结构安装（06）	铝合金框架结构基础和支承面检验批质量验收记录	02060601
69			铝合金框架结构总拼和安装检验批质量验收记录	02060602
70		铝合金空间网格结构安装（07）	铝合金空间网格结构支承面检验批质量验收记录	02060701
71			铝合金空间网格结构总拼和安装检验批质量验收记录	02060702
72		铝合金面板（08）	铝合金面板检验批质量验收记录	02060801
73			铝合金面板制作检验批质量验收记录	02060802
74			铝合金面板安装检验批质量验收记录	02060803
75		铝合金幕墙结构安装（09）	铝合金幕墙结构支承面检验批质量验收记录	02060901
76			铝合金幕墙结构总拼和安装检验批质量验收记录	02060902
77		防腐处理（10）	其他材料验收批质量验收记录	02061001
78			阳极氧化检验批质量验收记录	02061002
79			涂装检验批质量验收记录	02061003
80			隔离检验批质量验收记录	02061004
81	木结构（07）	方木和原木结构（01）	方木和原木结构检验批质量验收记录	02070101
82		胶合木结构（02）	胶合木结构检验批质量验收记录	02070201
83		轻型木结构（03）	轻型木结构检验批质量验收记录	02070301
84		木结构防护（04）	木结构防护检验批质量验收记录	02070401

注：未编写表格及说明的部分检验批表格，请参考相关类似表格说明。

表7-11 模板安装检验批质量验收记录

模板安装检验批质量验收记录

02010101_____

		单位(子单位)工程名称			分部(子分部)工程名称		分项工程名称		
		施工单位			项目负责人		检验批容量		
		分包单位			分包单位项目负责人		检验批部位		
		施工依据				验收依据			
		验收项目			设计要求及规范规定	样本总数	最小/实际抽样数量	检查记录	检查结果
主控项目	1	模板及支架材料质量			第4.2.1条		/		
	2	现浇混凝土模板及支架安装质量			第4.2.2条		/		
	3	后浇带处的模板及支架独立设置			第4.2.3条		/		
	4	支架竖杆和竖向模板安装要求			第4.2.4条		/		
一般项目	1	模板安装的一般要求			第4.2.5条		/		
	2	脱模剂的品种和涂刷方法质量			第4.2.6条		/		
	3	模板起拱高度			第4.2.7条		/		
	4	现浇混凝土结构多层连续支模、支架的竖杆、垫板要求			第4.2.8条		/		
	5	固定在模板上的预埋件和预留孔洞			第4.2.9条		/		
	6	预埋件、预留孔洞允许偏差/mm	预埋板中心线位置		3		/		
			预埋管、预留孔中心线位置		3		/		
			插筋	中心线位置	5		/		
				外露长度	+10,0		/		
			预埋螺栓	中心线位置	2		/		
				外露长度	+10,0		/		
			预留洞	中心线位置	10		/		
				尺寸	+10,0		/		
	7	模板安装允许偏差/mm	轴线位置		5		/		
			底模上表面标高		±5		/		
			模板内部尺寸	基础	±10		/		
				柱、墙、梁	±5		/		
				楼梯相邻踏步高差	±5		/		
			垂直度	柱、墙层高≤6 m	8		/		
				柱、墙层高>6 m	10		/		
			相邻两块模板表面高差		2		/		
			表面平整度		5		/		

施工单位检查结果	专业工长(施工员): 项目专业质量检查员: 年 月 日
监理(建设)单位验收结论	专业监理工程师 (建设单位项目专业负责人): 年 月 日

注:本表内容的填写需依据《现场验收检验批检查原始记录》。

表 7-12 预制构件模板安装检验批质量验收记录

预制构件模板安装检验批质量验收记录

02010102 _____

单位(子单位)工程名称			分部(子分部)工程名称			分项工程名称	
施工单位			项目负责人			检验批容量	
分包单位			分包单位项目负责人		/	检验批部位	
施工依据				验收依据			

		验收项目		设计要求及规范规定	样本总数	最小/实际抽样数量	检查记录	检查结果
主控项目	1	模板及支架材料质量		第4.2.1条		/		
	2	现浇混凝土模板及支架安装质量		第4.2.2条		/		
	4	支架竖杆和竖向模板安装要求		第4.2.4条		/		
一般项目	1	模板安装的一般要求		第4.2.5条		/		
	2	脱模剂的品种和涂刷方法质量		第4.2.6条		/		
	3	模板起拱高度		第4.2.7条		/		
	4	固定在模板上的预埋件和预留孔洞		第4.2.9条		/		
	5	预制构件模板安装允许偏差/mm	长度 梁、板	±4		/		
			薄腹梁、桁架	±8		/		
			柱	0,-10		/		
			墙板	0,-5		/		
		宽度 板、墙板		0,-5		/		
			梁、薄腹梁、桁架	+2,-5		/		
		高(厚)度 板		+2,-3		/		
			墙板	0,-5		/		
			梁、薄腹梁、桁架、柱	+2,-5		/		
		侧向弯曲 梁、板、柱		$L/1000$ 且$\leqslant$15		/		
			墙板、薄腹梁、桁架	$L/1500$ 且$\leqslant$15		/		
		板的表面平整度		3		/		
		相邻两板表面高低差		1		/		
		对角线差 板		7		/		
			墙板	5		/		
		翘曲 板、墙板		$L/1500$		/		
		设计起拱 薄腹梁、桁架、梁		±3		/		

施工单位检查结果	专业工长(施工员): 项目专业质量检查员: 年　月　日
监理(建设)单位验收结论	专业监理工程师 (建设单位项目专业负责人): 年　月　日

注:本表内容的填写需依据《现场验收检验批检查原始记录》。

表 7-13　钢筋原材料检验批质量验收记录

钢筋原材料检验批质量验收记录

02010201 _____

单位(子单位)工程名称			分部(子分部)工程名称			分项工程名称	
施工单位			项目负责人			检验批容量	
分包单位			分包单位项目负责人			检验批部位	
施工依据				验收依据			

		验收项目	设计要求及规范规定	样本总数	最小/实际抽样数量	检查记录	检查结果
主控项目	1	钢筋力学性能和质量偏差检验	第5.2.1条		/		
	2	成型钢筋力学性能和质量偏差检验	第5.2.2条		/		
	3	抗震用钢筋强度实测值	第5.2.3条		/		
一般项目	1	钢筋外观质量	第5.2.4条		/		
	2	成型钢筋外观质量和尺寸偏差	第5.2.5条		/		
	3	钢筋机械连接套筒、锚固板及预埋件外观质量	第5.2.6条		/		
施工单位检查结果			专业工长(施工员): 项目专业质量检查员: 　　　　年　月　日				
监理(建设)单位验收结论			专业监理工程师 (建设单位项目专业负责人): 　　　　年　月　日				

注:本表内容的填写需依据《现场验收检验批检查原始记录》。

表 7-14　钢筋加工检验批质量验收记录

钢筋加工检验批质量验收记录

02010202_____

单位(子单位)工程名称			分部(子分部)工程名称			分项工程名称	
施工单位			项目负责人			检验批容量	
分包单位			分包单位项目负责人			检验批部位	
施工依据					验收依据		

		验收项目	设计要求及规范规定	样本总数	最小/实际抽样数量	检查记录	检查结果
主控项目	1	钢筋弯折的弯弧内直径	第5.3.1条		/		
	2	纵向受力钢筋弯折要求	第5.3.2条		/		
	3	箍筋、拉筋的末端弯钩要求	第5.3.3条		/		
	4	盘卷钢筋调直应进行力学性能和重量偏差检验	第5.3.4条		/		
一般项目	1	钢筋加工的允许偏差/mm	受力钢筋沿长度方向的净尺寸	±10		/	
			弯起钢筋的弯折位置	±20		/	
			箍筋外廓尺寸	±5		/	

施工单位检查结果	专业工长(施工员): 项目专业质量检查员: 　　　　　年　　月　　日
监理(建设)单位验收结论	专业监理工程师 (建设单位项目专业负责人): 　　　　　年　　月　　日

注:本表内容的填写需依据《现场验收检验批检查原始记录》。

表 7-15　钢筋连接检验批质量验收记录

钢筋连接检验批质量验收记录

02010203 ＿＿＿＿＿

单位(子单位)工程名称			分部(子分部)工程名称		分项工程名称	
施工单位			项目负责人		检验批容量	
分包单位			分包单位项目负责人		检验批部位	
施工依据				验收依据		

		验收项目	设计要求及规范规定	样本总数	最小/实际抽样数量	检查记录	检查结果
主控项目	1	钢筋的连接方式	第 5.4.1 条		/		
	2	机械连接或焊接连接接头的力学性能、弯曲性能	第 5.4.2 条		/		
	3	螺纹接头拧紧扭矩值,挤压接头压痕直径	第 5.4.3 条		/		
一般项目	1	钢筋接头的位置	第 5.4.4 条		/		
	2	机械连接接头、焊接接头的外观质量	第 5.4.5 条		/		
	3	机械连接接头、焊接接头的接头面积百分率	第 5.4.6 条		/		
	4	绑扎搭接接头的设置	第 5.4.7 条		/		
	5	搭接长度范围内的箍筋	第 5.4.8 条		/		

施工单位检查结果	专业工长(施工员): 项目专业质量检查员: 年　　月　　日
监理(建设)单位验收结论	专业监理工程师 (建设单位项目专业负责人): 年　　月　　日

注:本表内容的填写需依据《现场验收检验批检查原始记录》。

表 7-16　钢筋安装检验批质量验收记录

钢筋安装检验批质量验收记录

02010204 _____

单位(子单位)工程名称			分部(子分部)工程名称		分项工程名称	
施工单位			项目负责人		检验批容量	
分包单位			分包单位项目负责人		检验批部位	
施工依据				验收依据		

主控项目		验收项目		设计要求及规范规定	样本总数	最小/实际抽样数量	检查记录	检查结果
	1	受力钢筋的牌号、规格和数量		第5.5.1条		/		
	2	受力钢筋安装位置、锚固方式		第5.5.2条		/		
一般项目	1	钢筋安装允许偏差\mm	绑扎钢筋网	长、宽	±10		/	
				网眼尺寸	±20		/	
			绑扎钢筋骨架	长	±10		/	
				宽、高	±5		/	
			纵向受力钢筋	锚固长度	−20		/	
				间距	±10		/	
				排距	±5		/	
			纵向受力钢筋、箍筋的混凝土保护层厚度	基础	±10		/	
				柱、梁	±5		/	
				板、墙、壳	±3		/	
			绑扎箍筋、横向钢筋间距		±20		/	
			钢筋弯起点位置		20		/	
			预埋件	中心线位置	5		/	
				水平高差	+3,0		/	

施工单位检查结果	专业工长(施工员)： 项目专业质量检查员： 　　　　　年　　月　　日
监理(建设)单位验收结论	专业监理工程师 (建设单位项目专业负责人)： 　　　　　年　　月　　日

注:本表内容的填写需依据《现场验收检验批检查原始记录》。

表 7-17　混凝土原材料检验批质量验收记录

混凝土原材料检验批质量验收记录

02010301 _____

单位(子单位) 工程名称			分部(子分部) 工程名称		分项工程名称	
施工单位			项目负责人		检验批容量	
分包单位			分包单位项目 负责人		检验批部位	
施工依据				验收依据		

		验收项目	设计要求及 规范规定	样本 总数	最小/实际 抽样数量	检查记录	检查结果
主控项目	1	水泥进场检验	第7.2.1条		/		
	2	混凝土外加剂进场检验	第7.2.2条		/		
	3	水泥、外加剂进场,检验批容量	第7.2.3条		/		
一般项目	1	矿物掺和料进场检验	第7.2.4条		/		
	2	粗细骨料的质量	第7.2.5条		/		
	3	混凝土拌制及养护用水	第7.2.6条		/		

施工单位 检查结果	专业工长(施工员): 项目专业质量检查员: 　　　　　　年　　月　　日
监理(建设)单位 验收结论	专业监理工程师 (建设单位项目专业负责人): 　　　　　　年　　月　　日

注:本表内容的填写需依据《现场验收检验批检查原始记录》。

表 7-18　混凝土拌和物检验批质量验收记录

混凝土拌和物检验批质量验收记录

02010302 _____

单位(子单位) 工程名称			分部(子分部) 工程名称			分项工程名称	
施工单位			项目负责人			检验批容量	
分包单位			分包单位项目 负责人			检验批部位	
施工依据				验收依据			

		验收项目	设计要求及 规范规定	样本 总数	最小/实际 抽样数量	检查记录	检查结果
主控项目	1	预拌混凝土进场质量	第7.3.1条	125	/		
	2	混凝土拌和物不应离析	第7.3.2条	15	/		
	3	混凝土中氯离子和碱总含量	第7.3.3条		/		
	4	首次使用的混凝土配合比开盘鉴定	第7.3.4条		/		
一般项目	1	混凝土拌和物稠度要求	第7.3.5条		/	抽查两次	√
	2	混凝土耐久性检验	第7.3.6条		/		
	3	抗冻混凝土含气量检验	第7.3.7条		/		

施工单位 检查结果	专业工长(施工员): 项目专业质量检查员: 　　　　　　　年　　月　　日
监理(建设)单位 验收结论	专业监理工程师 (建设单位项目专业负责人): 　　　　　　　年　　月　　日

注:本表内容的填写需依据《现场验收检验批检查原始记录》。本检验批质量验收的规范依据见本页背面。

表 7-19 混凝土施工检验批质量验收记录

混凝土施工检验批质量验收记录

02010303 _____

单位(子单位)工程名称		分部(子分部)工程名称		分项工程名称	
施工单位		项目负责人		检验批容量	
分包单位		分包单位项目负责人		检验批部位	
施工依据			验收依据		

		验收项目	设计要求及规范规定	样本总数	最小/实际抽样数量	检查记录	检查结果
主控项目	1	混凝土强度等级及试件的取样和留置	第7.4.1条		/	/	/
一般项目	1	后浇带的留设位置,后浇带和施工缝的留设及处理方法	第7.4.2条		/	/	/
	2	养护措施	第7.4.3条		/	/	/

施工单位检查结果	专业工长(施工员): 项目专业质量检查员: 年　月　日
监理(建设)单位验收结论	专业监理工程师 (建设单位项目专业负责人): 年　月　日

注:本表内容的填写需依据《现场验收检验批检查原始记录》。本检验批质量验收的规范依据见本页背面。

表 7-20 现浇结构外观及尺寸偏差检验批质量验收记录

现浇结构外观及尺寸偏差检验批质量验收记录

02010501

单位(子单位)工程名称				分部(子分部)工程名称		分项工程名称		
施工单位				项目负责人		检验批容量		
分包单位				分包单位项目负责人		检验批部位		
施工依据					验收依据			
主控项目		验收项目		设计要求及规范规定	样本总数	最小/实际抽样数量	检查记录	检查结果
主控项目	1	外观质量		第8.2.1条		/		
主控项目	2	影响结构性能或使用功能的尺寸偏差		第8.3.1条		/		
一般项目	1	外观质量一般缺陷		第8.2.2条		/		
一般项目	2	现浇结构位置、尺寸允许偏差/mm	轴线位置 整体基础	15		/		
一般项目	2	现浇结构位置、尺寸允许偏差/mm	轴线位置 独立基础	10		/		
一般项目	2	现浇结构位置、尺寸允许偏差/mm	轴线位置 墙、柱、梁	8		/		
一般项目	2	现浇结构位置、尺寸允许偏差/mm	垂直度 柱、墙层高 ≤6 m	10		/		
一般项目	2	现浇结构位置、尺寸允许偏差/mm	垂直度 柱、墙层高 >6 m	12		/		
一般项目	2	现浇结构位置、尺寸允许偏差/mm	垂直度 全高(H)≤300 m	$H/30000+20$ ($H=$____ mm)		/		
一般项目	2	现浇结构位置、尺寸允许偏差/mm	垂直度 全高(H)>300 m	$H/10000$ 且≤80 ($H=$____ mm)		/		
一般项目	2	现浇结构位置、尺寸允许偏差/mm	标高 层高	±10		/		
一般项目	2	现浇结构位置、尺寸允许偏差/mm	标高 全高	±30		/		
一般项目	2	现浇结构位置、尺寸允许偏差/mm	截面尺寸 基础	+15,−10		/		
一般项目	2	现浇结构位置、尺寸允许偏差/mm	截面尺寸 柱、梁、板、墙	+10,−5		/		
一般项目	2	现浇结构位置、尺寸允许偏差/mm	截面尺寸 楼梯相邻踏步高差	±6		/		
一般项目	2	现浇结构位置、尺寸允许偏差/mm	电梯井洞 中心线位置	10		/		
一般项目	2	现浇结构位置、尺寸允许偏差/mm	电梯井洞 长、宽尺寸	+25,0		/		
一般项目	2	现浇结构位置、尺寸允许偏差/mm	表面平整度	8		/		
一般项目	2	现浇结构位置、尺寸允许偏差/mm	预埋设施中心线位置 预埋板	10		/		
一般项目	2	现浇结构位置、尺寸允许偏差/mm	预埋设施中心线位置 预埋螺栓	5		/		
一般项目	2	现浇结构位置、尺寸允许偏差/mm	预埋设施中心线位置 预埋管	5		/		
一般项目	2	现浇结构位置、尺寸允许偏差/mm	预埋设施中心线位置 其他	10		/		
一般项目	2	现浇结构位置、尺寸允许偏差/mm	预留洞、孔中心线位置	15		/		
施工单位检查结果			专业工长(施工员): 项目专业质量检查员: 年 月 日					
监理(建设)单位验收结论			专业监理工程师 (建设单位项目专业负责人): 年 月 日					

注:本表内容的填写需依据《现场验收检验批检查原始记录》。本检验批质量验收的规范依据见本页背面。

表 7-21 装配式结构预制构件检验批质量验收记录

装配式结构预制构件检验批质量验收记录

02010601

单位(子单位)工程名称			分部(子分部)工程名称		分项工程名称		
施工单位			项目负责人		检验批容量		
分包单位			分包单位项目负责人		检验批部位		
施工依据				验收依据			

		验收项目			设计要求及规范规定	样本总数	最小/实际抽样数量	检查记录	检查结果
主控项目	1	预制构件质量检验			第9.2.1条		/		
	2	预制构件进场结构性能检验			第9.2.2条		/		
	3	外观质量的严重缺陷,影响结构性能和安装、使用功能的尺寸偏差			第9.2.3条	56	/		
	4	预埋件等材料质量、规格和数量,预留孔、洞的数量			第9.2.4条		/		
一般项目	1	预制构件标识			第9.2.5条	56	/		
	2	外观质量一般缺陷			第9.2.6条	56	/		
	3	预制构件尺寸的允许偏差/mm	长度	楼板、梁、柱、桁架	<12 m	±5	56	/	
					≥12 m 且<18 m	±10		/	
					≥18m	±20		/	
				墙板	±4		56	/	/
			宽度、高(厚)度	楼板、梁、柱、桁架	±5	56	/		
				墙板	±4		/		
			表面平整度	楼板、梁、柱、墙板内表面	5	56	/		
				墙板外表面	3	56	/		
			侧向弯曲	楼板、梁、柱	$L/750$ 且≤20 ($L=$____mm)	56	/		
				墙板、桁架	$L/1000$ 且≤20 ($L=$____mm)		/		
			翘曲	楼板	$L/750$ ($L=$____mm)		/		
				墙板	$L/1000$ ($L=$____mm)		/		

施工单位检查结果	专业工长(施工员): 项目专业质量检查员: 年 月 日
监理(建设)单位验收结论	专业监理工程师 (建设单位项目专业负责人): 年 月 日

197

表 7-22　装配式结构安装与连接检验批质量验收记录

装配式结构安装与连接检验批质量验收记录

02010602

单位(子单位) 工程名称		分部(子分部) 工程名称		分项工程名称	
施工单位		项目负责人		检验批容量	
分包单位		分包单位项目 负责人		检验批部位	
施工依据			验收依据		

		验收项目			设计要求及 规范规定	样本 总数	最小/实际 抽样数量	检查记录	检查结果
主控项目	1	预制构件临时固定措施安装质量			第9.3.1条		/		
	2	钢筋采用套筒灌浆连接或浆锚搭接 连接时,灌浆应饱满、密实			第9.3.2条		/		
	3	钢筋的连接方式及质量			第9.3.3条 第9.3.4条 第9.3.5条		/		
	4	预制构件采用焊接、螺栓连接等连接 方式时,其材料性能及施工质量			第9.3.6条		/		
	5	接处后浇混凝土的强度			第9.3.7条		/		
	6	外观质量的严重缺陷,影响结构性能 和安装、使用功能的尺寸偏差			第9.3.8条		/		
一般项目	1	外观质量一般缺陷检查			第9.3.9条		/		
	2	装配式结构构件位置和尺寸允许偏差/mm	构件轴线位置	竖向构件(柱、墙板、桁架)	8		/		
				水平构件(梁、楼板)	5		/		
			标高	梁、柱、墙板楼板底面或顶面	±5		/		
			构件垂直度	柱、墙板安装后的高度 ≤6 m	5		/		
				>6 m	10		/		
			构件倾斜度	梁、桁架	5		/		
			相邻构件平整度	梁、楼板底面 外露	5		/		
				不外露	3		/		
				柱、墙板 外露	5		/		
				不外露	8		/		
			构件搁置长度	梁、板	±10		/		
			支座、支垫中心位置	板、梁、柱、墙板、桁架	10		/		
			墙板接缝宽度		±5		/		

施工单位 检查结果	专业工长(施工员): 项目专业质量检查员: 　　　　　　　　年　　月　　日
监理(建设)单位 验收结论	专业监理工程师 (建设单位项目专业负责人): 　　　　　　　　年　　月　　日

注:本表内容的填写需依据《现场验收检验批检查原始记录》。本检验批质量验收的规范依据见本页背面。

表 7-23　砖砌体检验批质量验收记录

砖砌体检验批质量验收记录

02020101 _____

单位(子单位)工程名称			分部(子分部)工程名称		分项工程名称	
施工单位			项目负责人		检验批容量	
分包单位			分包单位项目负责人		检验批部位	
施工依据				验收依据		

		验收项目		设计要求及规范规定	最小/实际抽样数量	检查记录	检查结果
主控项目	1	砖强度等级必须符合设计要求		设计要求 MU ___	/		
	2	砂浆强度等级必须符合设计要求		设计要求 M ___	/		
	3	砂浆饱满度	墙水平灰缝	≥80%			
			柱水平及竖向灰缝	≥90%			
	4	转角、交接处		5.2.3 条	/		
	5	斜槎留置		5.2.3 条	/		
	6	直槎拉结钢筋及接槎处理		5.2.4 条	/		
一般项目	1	组砌方法		5.3.1 条	/		
	2	水平灰缝厚度		8～12 mm	/		
	3	竖向灰缝宽度		8～12 mm	/		
	4	轴线位移		10 mm	/		
	5	基础、墙、柱顶面标高		±15 mm	/		
	6	墙面垂直度	每层	5 mm	/		
			全高　≤10 m	10 mm	/		
			>10 m	20 mm	/		
	7	表面平整度	清水墙柱	5 mm			
			混水墙柱	8 mm			
	8	水平灰缝平直度	清水墙	7 mm			
			混水墙	10 mm			
	9	门窗洞口高、宽(后塞口)		±10 mm		/	
	10	外墙上下窗口偏移		20 mm		/	
	11	清水墙游丁走缝		20 mm		/	

施工单位检查结果	专业工长(施工员)： 项目专业质量检查员： 　　　　　年　　月　　日
监理(建设)单位验收结论	专业监理工程师 (建设单位项目专业负责人)： 　　　　　年　　月　　日

注:本表内容的填写需依据《现场验收检验批检查原始记录》。本检验批质量验收的规范依据见本页背面。

表 7-24　混凝土小型空心砌块砌体检验批质量验收记录

混凝土小型空心砌块砌体检验批质量验收记录

02020201

单位(子单位)工程名称			分部(子分部)工程名称		分项工程名称	
施工单位			项目负责人		检验批容量	
分包单位			分包单位项目负责人		检验批部位	
施工依据				验收依据		

		验收项目		设计要求及规范规定	最小/实际抽样数量	检查记录	检查结果
主控项目	1	小砌块强度等级		设计要求 MU____	/		
	2	芯柱混凝土强度等级		设计要求 C____	/		
	3	砂浆强度等级		设计要求 M____	/		
	4	水平灰缝砂浆饱满度		≥90%	/		
		竖向灰缝砂浆饱满度		≥90%	/		
	5	墙体转角处、纵横交接处		同时砌筑	/		
		斜槎留置		6.2.3 条	/		
		施工洞孔直槎留置及砌筑		6.2.3 条	/		
	6	芯柱贯通楼盖		6.2.4 条	/		
		芯柱混凝土灌实		6.2.4 条	/		
一般项目	1	水平灰缝厚度		8~12 mm		/	
		竖向灰缝宽度		8~12 mm		/	
	2	轴线位移		10 mm		/	
	3	基础、墙、柱顶面标高		±15 mm		/	
	4	墙面垂直度	每层	5 mm		/	
			全高 ≤10 m	10 mm		/	
			全高 >10 m	20 mm		/	
	5	表面平整度	清水墙柱	5 mm		/	
			混水墙柱	8 mm		/	
	6	水平灰缝平直度	清水墙	7 mm		/	
			混水墙	10 mm		/	
	7	门窗洞口高、宽(后塞口)		±10 mm		/	
	8	外墙上下窗口偏移		20 mm		/	
	9	清水墙游丁走缝		20 mm		/	

施工单位检查结果	专业工长(施工员)： 项目专业质量检查员： 　　　　　　年　　月　　日
监理(建设)单位验收结论	专业监理工程师 (建设单位项目专业负责人)： 　　　　　　年　　月　　日

注:本表内容的填写需依据《现场验收检验批检查原始记录》。本检验批质量验收的规范依据见本页背面。

表7-25　石砌体检验批质量验收记录

石砌体检验批质量验收记录

02010301 _____

单位(子单位)工程名称				分部(子分部)工程名称				分项工程名称		
施工单位				项目负责人				检验批容量		
分包单位				分包单位项目负责人				检验批部位		
施工依据						验收依据				

		验收项目					设计要求及规范规定	最小/实际抽样数量	检查记录	检查结果
主控项目	1	石材强度等级					设计要求 MU____	/		
	2	砂浆强度等级					设计要求 M____	/		
	3	灰缝砂浆饱满度					≥80%			

		项　目	毛石砌体		料石砌体					最小/实际抽样数量	检查记录	检查结果
					毛料石		粗料石		细料石			
			基础	墙	基础	墙	基础	墙	墙、柱			
一般项目	1	轴线位移	≤20	≤15	≤20	≤15	≤15	≤10	≤10	/		
	2	砌体顶面标高	±25	±15	±25	±15	±15	±15	±10	/		
	3	砌体厚度	+30	+20 −10	+30	+20 −10	+15	+10 −5	+10 −5	/		
	4	每层墙面垂直度	—	≤20	—	≤20	—	≤10	≤7	/		
	5	清水墙、柱表面平整度	—	—	—	≤20	—	≤10	≤5	/		
		混水墙、柱表面平整度	—	—	—	≤20	—	≤15	—	/		
	6	清水墙水平灰缝平直度	—	—	—	—	—	≤10	≤5	/		
	7	组砌形式	第7.3.2条							/		

施工单位检查结果	专业工长(施工员)： 项目专业质量检查员： 年　　月　　日
监理(建设)单位验收结论	专业监理工程师 (建设单位项目专业负责人)： 年　　月　　日

注:本表内容的填写需依据《现场验收检验批检查原始记录》。本检验批质量验收的规范依据见本页背面。

表7-26　配筋砌体检验批质量验收记录

配筋砌体检验批质量验收记录

02020401_____

单位(子单位)工程名称				分部(子分部)工程名称			分项工程名称	
施工单位				项目负责人			检验批容量	
分包单位				分包单位项目负责人			检验批部位	
施工依据					验收依据			

		验收项目		设计要求及规范规定	最小/实际抽样数量	检查记录	检查结果
主控项目	1	钢筋品种、规格、数量和设置部位		设计要求	/		
	2	混凝土强度等级		设计要求C____	/		
	3	砂浆强度等级		设计要求M____	/		
	4	马牙槎尺寸		8.2.3条	/		
		预留拉结钢筋设置		8.2.3条	/		
		不得任意弯折拉结钢筋		8.2.3条	/		
	5	钢筋连接方式		8.2.4条	/		
		钢筋锚固长度		8.2.4条	/		
		钢筋搭接长度		8.2.4条	/		
一般项目	1	构造柱中心线位置		10 mm	/		
	2	构造柱层间错位		8 mm	/		
	3	垂直度	每层	10 mm	/		
			全高 ≤10 m	15 mm	/		
			全高 >10 m	20 mm	/		
	4	灰缝钢筋防腐保护		8.3.2条	/		
		灰缝钢筋保护层		8.3.2条	/		
	5	网状配筋规格、间距		第8.3.3条	/		
		网状配筋位置		第8.3.3条	/		
	6	受力钢筋保护层厚度	网状配筋砌体	±10 mm	/		
			组合砖砌体	±5 mm	/		
			配筋小砌块砌体	±10 mm	/		
	7	配筋小砌块砌体墙凹槽中水平钢筋间距		±10 mm	/		

施工单位检查结果	专业工长(施工员)： 项目专业质量检查员： 　　年　月　日
监理(建设)单位验收结论	专业监理工程师 (建设单位项目专业负责人)： 　　年　月　日

注：本表内容的填写需依据《现场验收检验批检查原始记录》。本检验批质量验收的规范依据见本页背面。

表 7-27 填充墙砌体检验批质量验收记录

填充墙砌体检验批质量验收记录

02020501 _____

单位(子单位) 工程名称			分部(子分部) 工程名称			分项工程名称		
施工单位			项目负责人			检验批容量		
分包单位			分包单位项目 负责人			检验批部位		
施工依据				验收依据				

		验收项目		设计要求及 规范规定	最小/实际 抽样数量	检查记录	检查结果
主控项目	1	块材强度等级		设计要求 MU___	/		
	2	砂浆强度等级		设计要求 M___	/		
	3	与主体结构连接		9.2.2 条			
	4	植筋实体检测		9.2.3 条	/		
一般项目	1	组砌方法		10 mm	/		
	2	墙面垂直度 (每层)	≤3 m	5 mm	/		
			>3 m	10 mm	/		
	3	表面平整度		8 mm	/		
	4	门窗洞口高、宽(后塞口)		±10 m	/		
	5	外墙上、下窗口偏移		20 mm	/		
	6	空心砖砌体砂 浆饱满度	水平	≥80%	/		
			垂直	第9.3.2条	/		
	7	蒸压加气混凝土砌块、轻骨料混 凝土小型空心砌块砌体砂浆饱 满度	水平	≥80%	/		
			垂直	≥80%	/		
	8	拉结筋、网片位置		9.3.3 条	/		
	9	拉结筋、网片埋置长度		9.3.3 条	/		
	10	搭砌长度		9.3.4 条	/		
	11	水平灰缝厚度		9.3.5 条	/		
	12	竖向灰缝宽度		9.3.5 条	/		

施工单位 检查结果	专业工长(施工员): 项目专业质量检查员: 年　月　日
监理(建设)单位 验收结论	专业监理工程师 (建设单位项目专业负责人): 年　月　日

注:本表内容的填写需依据《现场验收检验批检查原始记录》。本检验批质量验收的规范依据见本页背面。

单元 3 装饰装修分项工程检验批

表 7-28 建筑装饰装修工程检验批划分

建筑装饰装修工程检验批划分

序号	子分部工程	分项工程	检验批名称	编号
1			基土检验批质量验收记录	03010101
2			灰土检验批质量验收记录	03010102
3			砂垫层和砂石垫层检验批质量验收记录	03010103
4			碎石垫层和碎砖垫层检验批质量验收记录	03010104
5		基层铺设(01)	三合土垫层和四合土垫层检验批质量验收记录	03010105
6			炉渣垫层检验批质量验收记录	03010106
7			水泥土混凝土垫层和陶粒混凝土垫层检验批质量验收记录	03010107
8			找平层检验批质量验收记录	03010108
9			隔离层检验批质量验收记录	03010109
10			填充层检验批质量验收记录	03010110
11	建筑地面(01)		绝热层检验批质量验收记录	03010111
12			水泥混凝土面层检验批质量验收记录	03010201
13			水泥砂浆面层检验批质量验收记录	03010202
14			水磨石面层检验批质量验收记录	03010203
15		整体面层铺设(02)	硬化耐磨面层检验批质量验收记录	03010204
16			防油渗面层检验批质量验收记录	03010205
17			不发火(防爆)面层检验批质量验收记录	03010206
18			自流平面层检验批质量验收记录	03010207
19			涂料面层检验批质量验收记录	03010208
20			塑料面层检验批质量验收记录	03010209
21			地面辐射供暖的整体面层检验批质量验收记录	03010210
22			地面辐射供暖的水泥砂浆面层检验批质量验收记录	03010211
23			砖面层检验批质量验收记录	03010301
24			大理石面层和花岗石面层检验批质量验收记录	03010302
25		模板面层铺设(01)	预制板面层检验批质量验收记录	03010303
26			料石面层检验批质量验收记录	03010304
27			塑料面层检验批质量验收记录	03010305
28			活动地板面层检验批质量验收记录	03010306
29			金属板面层检验批质量验收记录	03010307
30			地毯面层检验批质量验收记录	03010308

序号	子分部工程	分项工程	检验批名称	编号
31	建筑地面(01)	模板面层铺设(01)	地面辐射供暖的板块面层检验批质量验收记录	03010309
32			地面辐射供暖的大理石面层和花岗石面层检验批质量验收记录	03010310
33			地面辐射供暖预制板块面层检验批质量验收记录	03010311
34			地面辐射供暖塑料板面层检验批质量验收记录	03010312
35	建筑地面板(01)	木、竹面层铺设	实木地板、实木集成地板、竹地板面层检验批质量验收记录	03010401
36			实木复合地板面层检验批质量验收记录	03010402
37			浸渍纸层压木质地板面层检验批质量验收记录	03010403
38			软木类地板面层检验批质量验收记录	03010404
39			地面辐射供暖的木地板面层检验批质量验收记录	03010405
40			地面辐射供暖浸渍纸层压木质地板面层检验批质量验收记录	03010406
41	抹灰(02)	一般抹灰(01)	一般抹灰检验批质量验收记录	03020101
42		保温层薄抹灰(02)	保温层薄抹灰验批质量验收记录	03020201
43		装饰抹灰(03)	装饰抹灰验批质量验收记录	03020301
44		清水砌体勾缝(04)	清水砌体勾缝验批质量验收记录	03020401
45	外墙防水(03)	外墙砂浆防水(01)	外墙砂浆防水验批质量验收记录	03030101
46		涂膜防水(02)	涂膜防水检验批质量验收记录	03030201
47		透气膜防水(03)	透气膜防水检验批质量验收记录	03030301
48	门窗(04)	木门窗安装(01)	木门窗制作检验批质量验收记录	03040101
49			木门窗安装检验批质量验收记录	03040102
50		金属门窗安装(02)	钢门窗安装检验批质量验收记录	03040201
51			铝合金门窗安装检验批质量验收记录	03040202
52			涂色镀锌钢板门窗安装检验批质量验收记录	03040203
53		塑料门窗安装(03)	塑料门窗安装检验批质量验收记录	03040301
54		特种门窗安装(04)	特种门安装检验批质量验收记录	03040302
55		门窗玻璃安装(05)	门窗玻璃安装检验批质量验收记录	03040303
56	吊顶(05)	楼梯面层吊顶(01)	整体面层暗龙骨吊顶检验批质量验收记录	03050101
57			整体面层明龙骨吊顶检验批质量验收记录	03050102
58		板块面层吊顶(02)	板块面层暗龙骨吊顶检验批质量验收记录	03050301
59			板块面层明龙骨吊顶检验批质量验收记录	03050202
60		格栅吊顶(03)	格栅暗龙骨吊顶检验批质量验收记录	03050301
61			格栅明龙骨吊顶检验批质量验收记录	03050302

序号	子分部工程	分项工程	检验批名称	编号
62	轻质隔墙（06）	板材隔墙（01）	板材隔墙检验批质量验收记录	03060101
63		骨架隔墙（02）	骨架隔墙检验批质量验收记录	03060201
64		活动隔墙（03）	活动隔墙检验批质量验收记录	03060301
65		玻璃隔墙（04）	玻璃隔墙检验批质量验收记录	03060401
66	饰面板（07）	石板安装（01）	石板安装检验批质量验收记录	03070101
67		陶瓷板安装（02）	陶瓷板安装检验批质量验收记录	03070201
68		木板安装（03）	木板安装检验批质量验收记录	03070301
69		金属板安装（04）	金属板安装检验批质量验收记录	03070401
70		塑料板安装（05）	塑料板安装检验批质量验收记录	03070501
71	饰面砖（08）	外墙饰面砖粘贴（01）	外墙饰面砖粘贴检验批质量验收记录	03080101
72		内墙饰面砖粘贴（02）	内墙饰面砖粘贴检验批质量验收记录	03080201
73	幕墙（09）	玻璃幕墙安装（01）	玻璃幕墙安装检验批质量验收记录	03090101
74		金属幕墙安装（02）	金属幕墙安装检验批质量验收记录	03090201
75		石材幕墙安装（03）	石材幕墙安装检验批质量验收记录	03090301
76		陶板幕墙安装（04）	陶板幕墙安装检验批质量验收记录	03090401
77	涂饰（10）	水性涂料涂饰（01）	水性涂料涂饰检验批质量验收记录	03100101
78		溶剂型涂料涂饰（02）	溶剂型涂料涂饰检验批质量验收记录	03100201
79		美术涂料涂饰（03）	美术涂饰检验批质量验收记录	03100301
80	裱糊与软包（11）	裱糊（01）	裱糊检验批质量验收记录	03110101
81		软包（02）	软包检验批质量验收记录	03110201
82	细部（12）	橱柜制作与安装（01）	橱柜制作与安装检验批质量验收记录	03120101
83		窗帘盒和窗台板制作与安装（02）	窗帘盒和窗台板制作与安装检验批质量验收记录	03120201
84		门窗套制作与安装（03）	门窗套制作与安装检验批质量验收记录	03120301
85		护栏和扶手制作与安装（04）	护栏和扶手制作与安装检验批质量验收记录	03120401
86		花饰制作与安装（05）	花饰制作与安装检验批质量验收记录	03120501

表 7-29 基土检验批质量验收记录

基土检验批质量验收记录

03010101 _____

单位(子单位)工程名称		分部(子分部)工程名称		分项工程名称	
施工单位		项目负责人		检验批容量	
分包单位		分包单位项目负责人		检验批部位	
施工依据			验收依据		

		验收项目	设计要求及规范规定	最小/实际抽样数量	检查记录	检查结果
主控项目	1	基土土料	第4.2.5条	/		
	2	I类建筑基土的氡浓度	第4.2.6条	/		
	3	基土密实及压实系数	第4.2.7条	/		
一般项目	1	表面平整度	15 mm	/		
	2	标高	0，−50 mm	/		
	3	坡度	$\leqslant 2/1000L$，且$\leqslant 30$ mm	/		
	4	厚度	$\leqslant 1/10H$，且$\leqslant 20$ mm	/		

施工单位检查结果	专业工长(施工员)： 项目专业质量检查员： 　　　　　年　　月　　日
监理(建设)单位验收结论	专业监理工程师 (建设单位项目专业负责人)： 　　　　　年　　月　　日

注：本表内容的填写需依据《现场验收检验批检查原始记录》。本检验批质量验收的规范依据见本页背面。

表 7-30 砂垫层和砂石垫层检验批质量验收记录

砂垫层和砂石垫层检验批质量验收记录

03010103 _____

单位(子单位)工程名称			分部(子分部)工程名称		分项工程名称	
施工单位			项目负责人		检验批容量	
分包单位			分包单位项目负责人		检验批部位	
施工依据				验收依据		

主控项目		验收项目		设计要求及规范规定	最小/实际抽样数量	检查记录	检查结果
主控项目	1	砂和砂石质量		第 4.4.3 条	/		
主控项目	2	垫层干密度(或贯入度)		设计要求	/		
一般项目	1	垫层表面质量		第 4.4.5 条	/		
一般项目	2		表面平整度	15 mm	/		
一般项目	2		标高	±20 mm	/		
一般项目	2		坡度	≤2/1000L,且≤30 mm	/		
一般项目	2		厚度	≤1/10H,且≤20 mm	/		

施工单位检查结果	专业工长(施工员): 项目专业质量检查员: 年　月　日
监理(建设)单位验收结论	专业监理工程师 (建设单位项目专业负责人): 年　月　日

注:本表内容的填写需依据《现场验收检验批检查原始记录》。本检验批质量验收的规范依据见本页背面。

表 7-31 砖面层检验批质量验收记录

砖面层检验批质量验收记录

03010301

单位(子单位)工程名称			分部(子分部)工程名称		分项工程名称	
施工单位			项目负责人		检验批容量	
分包单位			分包单位项目负责人		检验批部位	
施工依据				验收依据		

		验收项目	设计要求及规范规定	最小/实际抽样数量	检查记录	检查结果
主控项目	1	材料质量	第6.2.5条	/		
	2	板块产品应有放射性限量合格的检测报告	第6.2.6条	/		
	3	面层与下一次层结合	第6.2.7条	/		
一般项目	1	面层表面质量	第6.2.8条	/		
	2	邻接处镶边用料	第6.2.9条	/		
	3	踢脚线质量	第6.2.10条	/		
	4	楼梯、台阶踏步 踏步尺寸及面层	第6.2.11条	/		
		楼层梯段相邻踏步高度差	≤10 mm	/		
		每踏步两端宽度差	≤10 mm	/		
		旋转楼梯踏步两端宽度	≤5 mm	/		
	5	面层表面坡度	第6.2.12条		/	
	6	表面允许偏差 缸砖	4.0 mm	/		
		水泥花砖	3.0 mm	/		
		陶瓷锦砖、陶瓷地砖	2.0 mm	/		
		缝格平直	3.0 mm	/		
		接缝高低差 陶瓷锦砖、陶瓷地砖、水泥花砖	0.5 mm		/	
		缸砖	1.5 mm	/		
		踢脚线上口平直 陶瓷锦砖、陶瓷地砖	3.0 mm	/		
		缸砖	4.0 mm	/		
		板块间隙宽度	2.0mm	/		

施工单位检查结果	专业工长(施工员): 项目专业质量检查员: 年　月　日
监理(建设)单位验收结论	专业监理工程师 (建设单位项目专业负责人): 年　月　日

注:本表内容的填写需依据《现场验收检验批检查原始记录》。本检验批质量验收的规范依据见本页背面。

表 7-32　一般抹灰检验批质量验收记录

一般抹灰检验批质量验收记录

03020101

单位(子单位)工程名称			分部(子分部)工程名称		分项工程名称	
施工单位			项目负责人		检验批容量	
分包单位			分包单位项目负责人		检验批部位	
施工依据				验收依据		

		验收项目	设计要求及规范规定		最小/实际抽样数量	检查记录	检查结果
主控项目	1	基层表面	第4.2.2条		/		
	2	材料品种和性能	第4.2.3条		/		
	3	操作要求	第4.2.4条		/		
	4	层黏结及面层质量	第4.2.5条		/		
一般项目	1	表面质量	第4.2.6条		/		
	2	细部质量	第4.2.7条		/		
	3	层与层间材料要求层总厚度	第4.2.8条		/		
	4	分格缝	第4.2.9条		/		
	5	滴水线(槽)	第4.2.0条		/		
		项目	允许偏差/mm		最小/实际抽样数量	实测值	检查结果
			普通抹灰	高级抹灰			
	6	表面平整度	4	3	/		
		阴阳角方正	4	3	/		
		分格条(缝)直线度	4	3	/		
		墙裙勒脚上口直线度	4	3	/		

施工单位检查结果	专业工长(施工员)： 项目专业质量检查员： 　　　　　　年　　月　　日
监理(建设)单位验收结论	专业监理工程师 (建设单位项目专业负责人)： 　　　　　　年　　月　　日

注:本表内容的填写需依据《现场验收检验批检查原始记录》。本检验批质量验收的规范依据见本页背面。

表 7-33　保温层薄抹灰检验批质量验收记录

保温层薄抹灰检验批质量验收记录

03020201 _____

单位(子单位)工程名称				分部(子分部)工程名称			分项工程名称	
施工单位				项目负责人			检验批容量	
分包单位				分包单位项目负责人			检验批部位	
施工依据						验收依据		

		验收项目		设计要求及规范规定	最小/实际抽样数量	检查记录	检查结果
主控项目	1	材料的品种、规格和性能		第 6.2.1 条	/		
	2	保温板与基层墙体黏结牢固		≥0.01 MPa	/		
	3	保温板黏结面积率		≥40%	/		
	4	锚栓数量、锚固位置、锚固深度和拉拔力		第 6.2.4 条	/		
	5	保温板厚度		第 6.2.5 条	/		
	6	抹面胶浆与保温板黏结牢固		第 6.2.6 条	/		
	7	外墙热桥部位		第 6.2.7 条	/		
	8	隔离带数量和位置		第 6.2.8 条	/		
一般项目	1	保温板(包括隔离带)安装		第 6.3.1 条	/		
	2	玻纤网铺设		第 6.3.2 条	/		
	3	保温板安装允许偏差	表面平整	4			
			立面垂直	4			
			阴、阳角垂直	4			
			阳角方正	4			
			接茬高差	1.5			
	4	变形缝构造处理和保温层槽、开孔装饰件安装		第 6.3.4 条			
	5	外保温墙抹面允许偏差	表面平整	4			
			立面垂直	4			
			阴、阳角垂直	4			
			直线度(装饰线)	4			

施工单位检查结果	专业工长(施工员)： 项目专业质量检查员： 　　　　　　年　月　日
监理(建设)单位验收结论	专业监理工程师 (建设单位项目专业负责人)： 　　　　　　年　月　日

注:本表内容的填写需依据《现场验收检验批检查原始记录》。本检验批质量验收的规范依据见本页背面。

表 7-34 装饰抹灰检验批质量验收记录

装饰抹灰检验批质量验收记录

03020301 _____

单位(子单位)工程名称			分部(子分部)工程名称		分项工程名称		
施工单位			项目负责人		检验批容量		
分包单位			分包单位项目负责人		检验批部位		
施工依据				验收依据			

		验收项目	设计要求及规范规定	最小/实际抽样数量	检查记录	检查结果
主控项目	1	基层表面	第4.3.2条	/		
	2	材料品种和性能	第4.3.3条	/		
	3	操作要求	第4.3.4条	/		
	4	层黏结及面层质量	第4.3.5条	/		
一般项目	1	表面质量	第4.3.6条	/		
	2	分格条(缝)	第4.3.7条	/		
	3	滴水线	第4.3.8条	/		

		项目	水刷石	斩假石	干粘石	假面砖	最小/实际抽样数量	实测值	检查结果
一般项目	4	立面垂直度	5	4	5	5	/		
		表面平整度	3	3	4	5			
		阳角方正	3	3	4	4			
		分格条(缝)直线度	3	3	3	3			
		墙裙勒脚上口直线度	3	3	—	—			

施工单位检查结果	专业工长(施工员): 项目专业质量检查员: 年　月　日
监理(建设)单位验收结论	专业监理工程师 (建设单位项目专业负责人): 年　月　日

注:本表内容的填写需依据《现场验收检验批检查原始记录》。本检验批质量验收的规范依据见本页背面。

表 7-35　清水砌体勾缝检验批质量验收记录

清水砌体勾缝检验批质量验收记录

03020401 _____

单位(子单位) 工程名称			分部(子分部) 工程名称		分项工程名称	
施工单位			项目负责人		检验批容量	
分包单位			分包单位项目 负责人		检验批部位	
施工依据				验收依据		
主控项目		验收项目	设计要求及 规范规定	最小/实际 抽样数量	检查记录	检查结果
主控项目	1	水泥及配合比	第4.4.2条	/		
主控项目	2	勾缝牢固性	第4.4.3条	/		
一般项目	1	勾缝外观质量	第4.4.4条	/		
一般项目	2	灰缝及表面	第4.4.5条	/		
施工单位 检查结果			专业工长(施工员): 项目专业质量检查员: 　　　　　　年　月　日			
监理(建设)单位 验收结论			专业监理工程师 (建设单位项目专业负责人): 　　　　　　年　月　日			

注:本表内容的填写需依据《现场验收检验批检查原始记录》。本检验批质量验收的规范依据见本页背面。

表7-36　外墙砂浆防水检验批质量验收记录

外墙砂浆防水检验批质量验收记录

03030101 _____

单位(子单位)工程名称			分部(子分部)工程名称		分项工程名称	
施工单位			项目负责人		检验批容量	
分包单位			分包单位项目负责人		检验批部位	
施工依据				验收依据		

		验收项目	设计要求及规范规定	最小/实际抽样数量	检查记录	检查结果
主控项目	1	原材料、配合比及性能指标	第7.2.1条	/		
	2	砂浆防水层无渗漏	第7.2.2条	/		
	3	砂浆防水层与基层、防水层之间连续牢固	第7.2.3条	/		
	4	防水层在各节点施工	第7.2.4	/		
一般项目	1	防水层表面质量	第7.2.5条	/		
	2	防水层留茬位置	第7.2.6条	/		
	3	砂浆防水层厚度	第7.2.7条	/		

施工单位检查结果	专业工长(施工员)： 项目专业质量检查员： 　　　　　年　　月　　日
监理(建设)单位验收结论	专业监理工程师 (建设单位项目专业负责人)： 　　　　　年　　月　　日

注:本表内容的填写需依据《现场验收检验批检查原始记录》。本检验批质量验收的规范依据见本页背面。

表7-37 外墙涂膜防水检验批质量验收记录

外墙涂膜防水检验批质量验收记录

03030201 _____

单位(子单位) 工程名称			分部(子分部) 工程名称		分项工程名称		
施工单位			项目负责人		检验批容量		
分包单位			分包单位项目 负责人		检验批部位		
施工依据				验收依据			
		验收项目	设计要求及 规范规定	最小/实际 抽样数量	检查记录	检查结果	
主控项目	1	原材料、配合比及性能指标	第7.3.1条	/			
	2	涂膜防水层无渗漏	第7.3.2条	/			
	3	防水层在个节点施工	第7.3.3条	/			
一般项目	1	涂膜防水层厚底	第7.3.4条	/			
	2	涂膜防水层与基层黏结	第7.3.5条	/			
施工单位 检查结果			专业工长(施工员): 项目专业质量检查员: 　　　　　年　　月　　日				
监理(建设)单位 验收结论			专业监理工程师 (建设单位项目专业负责人): 　　　　　年　　月　　日				

注:本表内容的填写需依据《现场验收检验批检查原始记录》。本检验批质量验收的规范依据见本页背面。

表 7-38　木门窗制作检验批质量验收记录

木门窗制作检验批质量验收记录

03040101 _____

单位(子单位)工程名称				分部(子分部)工程名称			分项工程名称		
施工单位				项目负责人			检验批容量		
分包单位				分包单位项目负责人			检验批部位		
施工依据						验收依据			

		验收项目		设计要求及规范规定		最小/实际抽样数量	检查记录	检查结果
主控项目	1	材料质量		第5.2.2条		/		
	2	木材含水率		第5.2.3条		/		
	3	防火、防腐、防虫		第5.2.4条		/		
	4	木节及虫眼		第5.2.5条		/		
	5	榫槽连接		第5.2.6条		/		
	6	胶合板门、纤维板门、模压门的质量		第5.2.7条		/		
一般项目	1	木门窗表面质量		第5.2.12条		/		
	2	木门窗割角、拼缝		第5.2.13条		/		
	3	木门窗槽、孔质量		第5.2.14条		/		
	4	制作允许偏差	翘曲	框	普通	3	/	
					高级	2	/	
				扇	普通	2	/	
					高级	2	/	
			对角线长度差	框、扇	普通	3	/	
					高级	2	/	
			表面平整度	扇	普通	2	/	
					高级	2	/	
			高度、宽度	框	普通	0，−2	/	
					高级	0，−1	/	
				扇	普通	＋2，0	/	
					高级	＋1，0	/	
			裁口、线条结合处高低差	框、扇	普通	1	/	
					高级	0.5	/	
			相邻梃子两端间距	扇	普通	2	/	
					高级	1	/	

施工单位检查结果	专业工长(施工员)： 项目专业质量检查员： 　　　　　　年　　月　　日
监理(建设)单位验收结论	专业监理工程师 (建设单位项目专业负责人)： 　　　　　　年　　月　　日

注：本表内容的填写需依据《现场验收检验批检查原始记录》。本检验批质量验收的规范依据见本页背面。

表 7-39　木门窗安装检验批质量验收记录

木门窗安装检验批质量验收记录

03040102_____

单位(子单位) 工程名称			分部(子分部) 工程名称		分项工程名称	
施工单位			项目负责人		检验批容量	
分包单位			分包单位项目 负责人		检验批部位	
施工依据				验收依据		

		验收项目		设计要求及 规范规定		最小/实际 抽样数量	检查记录	检查结果
主控项目	1	木门窗品种、规格、安装方向位置		第5.2.8条		/		
	2	木门窗安装牢固		第5.2.9条		/		
	3	木门窗扇安装		第5.2.10条		/		
	4	门窗配件安装		第5.2.11条		/		
一般项目	1	缝隙嵌填材料		第5.2.15条				
	2	批水、盖口条等细部		第5.2.16条				

				留缝限值/mm		允许偏差/mm		最小/实际 抽样数量	检查结果
			项目	普通	高级	普通	高级		
一般项目	3	安装留缝隙值及允许偏差	门窗槽口对角线长度差	—	—	3	2		
			门窗框的正、侧面垂直度	—	—	2	1		
			框与扇、扇与扇接缝高低差	—	—	2	1		
			门窗扇对口缝	1～2.5	1.5～2	—	—	/	
			工业厂房双扇大门对口缝	2～5	—	—	—	/	
			门窗扇与上框间留缝	1～2	1～1.5	—	—	/	
			门窗扇与侧框间留缝	1～2.5	1～1.5	—	—	/	
			窗扇与下框间留缝	2～3	2～2.5	—	—	/	
			门扇与下框间留缝	3～5	3～4	—	—	/	
			双层门窗内外框间距	—	—	4	3		
		无下框时门扇与地面间留缝	外门	4～7	5～6	—	—	/	
			内门	5～8	6～7	—	—	/	
			卫生间门	8～12	8～10	—	—	/	
			厂房大门	10～20	—	—	—		

施工单位 检查结果	专业工长(施工员): 项目专业质量检查员: 　　　　　年　　月　　日
监理(建设)单位 验收结论	专业监理工程师 (建设单位项目专业负责人): 　　　　　年　　月　　日

注:本表内容的填写需依据《现场验收检验批检查原始记录》。本检验批质量验收的规范依据见本页背面。

表7-40 钢门窗安装检验批质量验收记录

钢门窗安装检验批质量验收记录

03040201 _____

单位(子单位)工程名称			分部(子分部)工程名称		分项工程名称	
施工单位			项目负责人		检验批容量	
分包单位			分包单位项目负责人		检验批部位	
施工依据				验收依据		

主控项目		验收项目		设计要求及规范规定	最小/实际抽样数量	检查记录	检查结果
主控项目	1	门窗质量		第5.3.2条	/		
	2	框和副框安装,预埋件		第5.3.3条	/		
	3	门窗扇安装		第5.3.4条	/		
	4	配件质量及安装		第5.3.5条	/		
	1	表面质量		第5.3.6条	/		
	2	框与墙体间缝隙		第5.3.8条	/		
	3	扇密封胶条或毛毡密封条		第5.3.9条	/		
	4	排水孔		第5.3.10条	/		

一般项目		项目		留缝限值/mm	允许偏差/mm	最小/实际抽样数量	检查记录	检查结果
一般项目	5	安装留缝限值及允许偏差	门窗槽口宽度高度	≤1500 mm	—	2.5	/	/	.
				>1500 mm	—	3.5	/		
			门窗槽口对角线长度差	≤2000 mm	—	5	/		
				>2000 mm	—	6	/		
			门窗框的正侧面垂直度		—	3	/		
			门窗横框的水平度		—	3	/		
			门窗横框标高		—	5	/		
			门窗竖向偏离中心		—	4	/		
			双层门窗内外框间距		—	5	/		
			门窗框、扇配合间隙		≤2	—	/		
			无下框时门扇与地面间留缝		4~8	—	/		

施工单位检查结果	专业工长(施工员): 项目专业质量检查员: 年　月　日
监理(建设)单位验收结论	专业监理工程师 (建设单位项目专业负责人): 年　月　日

注:本表内容的填写需依据《现场验收检验批检查原始记录》。本检验批质量验收的规范依据见本页背面。

表 7-41 铝合金门窗安装检验批质量验收记录

铝合金门窗安装检验批质量验收记录

03040202 ___001

单位(子单位) 工程名称			分部(子分部) 工程名称			分项工程名称	
施工单位			项目负责人			检验批容量	
分包单位			分包单位项目 负责人			检验批部位	
施工依据				验收依据			

		验收项目		设计要求及 规范规定	最小/实际 抽样数量	检查记录	检查结果
主控项目	1	门窗质量		第5.3.2条	/		
	2	框和副框安装,预埋件		第5.3.3条	/		
	3	门窗扇安装		第5.3.4条	/		
	4	配件质量及安装		第5.3.5条	/		
一般项目	1	表面质量		第5.3.6条	/		
	2	推拉扇开关应力		第5.3.7条	/		
	3	框与墙体间缝隙		第5.3.8条	/		
	4	扇密封胶条或毛毡密封条		第5.3.9条	/		
	5	排水孔		第5.3.10条	/		
	6	安装留缝限值及允许偏差	门窗槽口宽度 高度	≤1500 mm	1.5			/	
				>1500 mm	2	/		
			门窗槽口对角 线长度差	≤2000 mm	3	/		
				>2000 mm	4	/		
			门窗框的正、侧面垂直度		2.5	/		
			门窗横框的水平度		2	/		
			门窗横框标高		5	/		
			门窗竖向偏离中心		5	/		
			双层门窗内外框间距		4	/		
			推拉门窗扇与框搭接量		1.5	/		

施工单位 检查结果	专业工长(施工员): 项目专业质量检查员: 　　　　　　　年　月　日
监理(建设)单位 验收结论	专业监理工程师 (建设单位项目专业负责人): 　　　　　　　年　月　日

注:本表内容的填写需依据《现场验收检验批检查原始记录》。本检验批质量验收的规范依据见本页背面。

表7-42　涂色镀锌钢板门窗安装检验批质量验收记录

涂色镀锌钢板门窗安装检验批质量验收记录

03040203

单位(子单位) 工程名称				分部(子分部) 工程名称			分项工程名称	
施工单位				项目负责人			检验批容量	
分包单位				分包单位项目 负责人			检验批部位	
施工依据					验收依据			
		验收项目		设计要求及 规范规定	最小/实际 抽样数量		检查记录	检查结果
主控项目	1	门窗质量		第5.3.2条	/			
	2	框和副框安装,预埋件		第5.3.3条	/			
	3	门窗扇安装		第5.3.4条	/			
	4	配件质量及安装		第5.3.5条	/			
一般项目	1	表面质量		第5.3.6条	/			
	2	框与墙体间缝隙		第5.3.8条	/			
	3	扇密封胶条或毛毡密封条		第5.3.9条	/			
	4	排水孔		第5.3.10条	/			
	5	安装留缝限值及允许偏差	门窗槽口宽度 高度	≤1500 mm	2			
				>1500 mm	3	/		
			门窗槽口对角 线长度差	≤2000 mm	4			
				>2000 mm	5	/		
			门窗框的正、侧面垂直度	3	/			
			门窗横框的水平度	3	/			
			门窗横框标高	5	/			
			门窗竖向偏离中心	5	/			
			双层门窗内外框间距	4	/			
			推拉门窗扇与框搭接量	2	/			
施工单位 检查结果				专业工长(施工员): 项目专业质量检查员: 　　　　　　年　月　日				
监理(建设)单位 验收结论				专业监理工程师 (建设单位项目专业负责人): 　　　　　　年　月　日				

注:本表内容的填写需依据《现场验收检验批检查原始记录》。本检验批质量验收的规范依据见本页背面。

表 7-43 塑料门窗安装检验批质量验收记录

塑料门窗安装检验批质量验收记录

03040301　001

单位(子单位) 工程名称				分部(子分部) 工程名称		分项工程名称	
施工单位				项目负责人		检验批容量	
分包单位				分包单位项目 负责人		检验批部位	
施工依据					验收依据		

		验收项目		设计要求及 规范规定	最小/实际 抽样数量	检查记录	检查结果
主控项目	1	门窗质量		第5.4.2条	/		
	2	框、扇安装		第5.4.3条	/		
	3	拼樘料与框连接		第5.4.4条	/		
	4	门窗扇安装		第5.4.5条	/		
	5	配件质量及安装		第5.4.6条	/		
	6	框与墙体缝隙填嵌		第5.4.7条	/		
一般项目	1	表面质量		第5.4.8条	/		
	2	密封条及旋转门窗间隙		第5.4.9条	/		
	3	门窗扇开关力		第5.4.10条	/		
	4	玻璃密封条、玻璃槽口		第5.4.11条	/		
	5	排水孔		第5.4.12条	/		
	6	安装留缝限值及允许偏差	门窗槽口宽度、高度	≤1500 mm	2	/	
				>1500 mm	3	/	
			门窗槽口对角线长度差	≤2000 mm	3	/	
				>2000 mm	5	/	
			门窗框的正侧面垂直度		3	/	
			门窗横框的水平度		3	/	
			门窗横框标高		5	/	
			门窗竖向偏离中心		5	/	
			双层门窗内外框间距		4	/	
			同樘平开门窗相邻扇高度差		2	/	
			平开门窗铰链部位配合间隙		+2，−1	/	
			推拉门窗扇与框搭接量		+1.5，−2.5	/	
			推拉门窗扇与竖框平行度		2	/	

施工单位 检查结果	专业工长(施工员)： 项目专业质量检查员： 　　　　　　　　　年　　月　　日
监理(建设)单位 验收结论	专业监理工程师 (建设单位项目专业负责人)： 　　　　　　　　　年　　月　　日

注：本表内容的填写需依据《现场验收检验批检查原始记录》。本检验批质量验收的规范依据见本页背面。

表 7-44　特种门安装检验批质量验收记录

特种门安装检验批质量验收记录

03040401＿＿＿＿＿

单位(子单位) 工程名称				分部(子分部) 工程名称				分项工程名称		
施工单位				项目负责人				检验批容量		
分包单位				分包单位项目 负责人				检验批部位		
施工依据						验收依据				

		验收项目		设计要求及 规范规定		最小/实际 抽样数量	检查记录	检查结果
主控项目	1	门质量和性能		第5.5.2条		/		
	2	门品种规格、方向位置		第5.5.3条		/		
	3	机械、自动和智能化装置		第5.5.4条		/		
	4	安装及预埋件		第5.5.5条		/		
	5	配件、安装及功能		第5.5.6条		/		
一般项目	1	表面装饰		第5.5.7条		/		
	2	表面质量		第5.5.8条		/		
	3	推拉自动门安装的允许偏差	门槽口宽度、高度	≤1500 mm	1.5	/	/	
				>1500 mm	2	/	/	
			门槽口对角线长度差	≤2000 mm	2	/	/	
				>2000 mm	2.5	/	/	
			门框的正侧面垂直度		1	/	/	
			门构件装配间隙		0.3	/	/	
			门梁导轨水平度		1	/	/	
			下导轨与门梁导轨平行度		1.5	/	/	
			门扇与侧框间留缝		1.2～1.8	/	/	
			门扇对口缝		1.2～1.8	/	/	
	4	推拉自动门的感应时间限值	开门响应时间		≤0.5	/	/	
			堵门保护延时		16～20	/	/	
			门扇全开启后保持时间		13～17	/	/	

		验收项目	金属框架 玻璃旋转门	木质 旋转门	最小/实际 抽样数量	检查记录	检查结果
一般项目	5	旋转门安装的允许偏差	门扇正、侧面垂直度	1.5	1.5	/	
			门扇对角线长度差	1.5	1.5	/	
			相邻扇高度差	1	1	/	
			扇与圆弧边留缝	1.5	2	/	
			扇与上顶间留缝	2	2.5	/	
			扇与地面间留缝	2	2.5	/	

施工单位 检查结果	专业工长(施工员)： 项目专业质量检查员： 　　　　　　　年　　月　　日
监理(建设)单位 验收结论	专业监理工程师 (建设单位项目专业负责人)： 　　　　　　　年　　月　　日

注:本表内容的填写需依据《现场验收检验批检查原始记录》。本检验批质量验收的规范依据见本页背面。

表 7-45　玻璃幕墙安装检验批质量验收记录

玻璃幕墙安装检验批质量验收记录

03090101 _____

单位(子单位) 工程名称			分部(子分部) 工程名称			分项工程名称	
施工单位			项目负责人			检验批容量	
分包单位			分包单位项目 负责人			检验批部位	
施工依据					验收依据		

		验收项目	设计要求及 规范规定	最小/实际 抽样数量	检查记录	检查结果
主控项目	1	各种材料、构件、组件	第9.2.2条	/		
	2	造型和立面分格	第9.2.3条	/		
	3	玻璃	第9.2.4条	/		
	4	与主体结构连接件	第9.2.5条	/		
	5	连接紧固件螺栓	第9.2.6条	/		
	6	玻璃下端托条	第9.2.7条	/		
	7	明框幕墙玻璃幕墙安装	第9.2.8条	/		
	8	超过4m高全玻璃幕墙安装	第9.2.9条	/		
	9	点支承幕墙安装	第9.2.10条	/		
	10	细部	第9.2.11条	/		
	11	幕墙防水	第9.2.12条	/		
	12	结构胶、密封胶的打注	第9.2.13条	/		
	13	幕墙开启窗	第9.2.14条	/		
	14	防雷装置	第9.2.15条	/		
一般项目	1	表面质量	第9.2.16条	/		
	2	玻璃表面质量	第9.2.17条	/		
	3	铝合金型材表面质量	第9.2.18条	/		
	4	明框外露框或压条	第9.2.19条	/		
	5	密封胶缝	第9.2.20条	/		
	6	防火保温材料	第9.2.21条	/		
	7	隐蔽节点	第9.2.22条	/		

续表

一般项目	序号	项目			允许偏差			
一般项目	8	明框幕墙安装允许偏差	幕墙垂直度	幕墙高度≤30 m	10	/	/	
				30m<幕墙高度	15	/	/	
				60 m<幕墙高度	20	/	/	
				幕墙高度>90 m	25	/	/	
			幕墙水平	幕墙高度≤35 m	5	/	/	
				幕墙高度≤35 m	7	/		
			构件直线度		2	/		
			构件水平	构件长度≤2 m	2	/		
				构件长度≤2 m	3	/		
			相邻构件错位		1	/		
			分格框对角线长	对角线长度≤2 m	3	/		
				对角线长度≤2 m	4	/		
	9	隐蔽、半隐框幕墙安装允许偏差/mm	幕墙垂直度	幕墙高度≤30 m	10	/		
				30 m<幕墙高度≤60 m	15	/	/	
				60 m<幕墙高度≤90 m	20	/	/	
				幕墙高度>90 m	25	/	/	
			幕墙水平度	层高≤3 m	3	/		
				层高>3 m	5	/		
			幕墙表面平整度		2	/		
			板材立面垂直度		2	/		
			板材上沿水平度		2	/		
			相邻板材角度错位		1	/		
			阳角方正		2	/		
			接缝直线度		3	/		
			接缝高低差		1	/		
			接缝宽度		1	/		

施工单位 检查结果	专业工长(施工员): 项目专业质量检查员: 　　　　　　年　　月　　日
监理(建设)单位 验收结论	专业监理工程师 (建设单位项目专业负责人): 　　　　　　年　　月　　日

表 7-46　水性涂料涂饰检验批质量验收记录

水性涂料涂饰检验批质量验收记录

03100101

单位(子单位) 工程名称				分部(子分部) 工程名称			分项工程名称	
施工单位				项目负责人			检验批容量	
分包单位				分包单位项目 负责人			检验批部位	
施工依据					验收依据			

		验收项目			设计要求及 规范规定	最小/实际 抽样数量	检查记录	检查结果
主控项目	1	涂料品种、型号、性能			第 10.2.2 条	/		
	2	涂饰颜色和图案			第 10.2.3 条	/		
	3	涂饰综合质量			第 10.2.4 条	/		
	4	基层处理			第 10.2.5 条	/		
一般项目	1	与其他材料和设备衔接处			第 10.2.9 条	/		
	2	薄涂料涂饰质量允许偏差	颜色	普通涂饰	均匀一致	/		
				高级涂饰	均匀一致	/		
			泛碱、咬色	普通涂饰	允许少量轻微	/		
				高级涂饰	不允许	/		
			流坠、疙瘩	普通涂饰	允许少量轻微	/		
				高级涂饰	不允许	/		
			砂眼、刷纹	普通涂饰	允许少量细微砂眼、刷纹通顺	/		
				高级涂饰	无砂眼、无刷纹	/		
			装饰线、分 色线直线度	普通涂饰	2 mm	/		
				高级涂饰	1 mm	/		
	3	厚涂料涂饰质量允许偏差	颜色	普通涂饰	均匀一致	/		
				高级涂饰	均匀一致	/		
			泛碱、咬色	普通涂饰	允许少量轻微	/		
				高级涂饰	不允许	/		
			点状分布	普通涂饰	—	/		
				高级涂饰	疏密均匀	/		
	4	复层涂饰质量允许偏差	颜色		均匀一致	/		
			泛碱、咬色		不允许	/		
			喷点疏密程度		均匀，不允许连片	/		

施工单位 检查结果	专业工长(施工员)： 项目专业质量检查员： 　　　　　　年　月　日
监理(建设)单位 验收结论	专业监理工程师 (建设单位项目专业负责人)： 　　　　　　年　月　日

注：本表内容的填写需依据《现场验收检验批检查原始记录》。本检验批质量验收的规范依据见本页背面。

表7-47 溶剂型涂料涂饰检验批质量验收记录

溶剂型涂料涂饰检验批质量验收记录

03100201

单位(子单位) 工程名称				分部(子分部) 工程名称			分项工程名称	
施工单位				项目负责人			检验批容量	
分包单位				分包单位项目 负责人			检验批部位	
施工依据					验收依据			

		验收项目		设计要求及 规范规定	最小/实际 抽样数量	检查记录	检查结果
主控项目	1	涂料品种、型号、性能		第10.3.2条	/		
	2	颜色、光泽、图案		第10.3.3条	/		
	3	涂饰综合质量		第10.3.4条	/		
	4	基层处理		第10.3.5条	/		
一般项目	1	与其他材料、设备衔接处界面应清晰		第10.3.8条	/		
	2	色漆涂饰质量及允许偏差	颜色 普通涂饰	均匀一致	/		
			颜色 高级涂饰	均匀一致	/		
			光泽、光滑 普通涂饰	光泽基本均匀光滑无档手感	/		
			光泽、光滑 高级涂饰	光泽均匀一致光滑	/		
			刷纹 普通涂饰	刷纹通顺	/		
			刷纹 高级涂饰	无刷纹	/		
			裹棱、流坠、皱皮 普通涂饰	明显处不允许	/		
			裹棱、流坠、皱皮 高级涂饰	不允许	/		
			装饰线、分色线直线度 普通涂饰	2 mm	/		
			装饰线、分色线直线度 高级涂饰	1 mm	/		
	3	清漆涂饰质量	颜色 普通涂饰	基本一致	/		
			颜色 高级涂饰	均匀一致	/		
			木纹 普通涂饰	棕眼刮平、木纹清楚	/		
			木纹 高级涂饰	棕眼刮平、木纹清楚	/		
			光泽、光滑 普通涂饰	光泽基本均匀光滑无档手感	/		
			光泽、光滑 高级涂饰	光泽均匀一致光滑	/		
			刷纹 普通涂饰	无刷纹	/		
			刷纹 高级涂饰	无刷纹	/		
			裹棱、流坠、皱皮 普通涂饰	明显处不允许	/		
			裹棱、流坠、皱皮 高级涂饰	不允许	/		

施工单位 检查结果	专业工长(施工员): 项目专业质量检查员: 　　　　　　　　　年　月　日
监理(建设)单位 验收结论	专业监理工程师 (建设单位项目专业负责人): 　　　　　　　　　年　月　日

注:本表内容的填写需依据《现场验收检验批检查原始记录》。本检验批质量验收的规范依据见本页背面。

表 7-48 裱糊检验批质量验收记录

裱糊检验批质量验收记录

03110101 _____

单位(子单位)工程名称			分部(子分部)工程名称		分项工程名称	
施工单位			项目负责人		检验批容量	
分包单位			分包单位项目负责人		检验批部位	
施工依据				验收依据		

		验收项目	设计要求及规范规定	最小/实际抽样数量	检查记录	检查结果
主控项目	1	材料品种、型号、规格、性能	第 11.2.2 条	/		
	2	基层处理	第 11.2.3 条	/		
	3	各幅拼接	第 11.2.4 条	/		
	4	壁纸、墙布粘贴	第 11.2.5 条	/		
一般项目	1	裱糊表面质量	第 11.2.6 条	/		
	2	壁纸压痕及发泡层	第 11.2.7 条	/		
	3	与装饰线、设备线盒交接	第 11.2.8 条	/		
	4	壁纸、墙布边缘	第 11.2.9 条	/		
	5	壁纸、墙布阴、阳角无接缝	第 11.2.10 条	/		
			/			

施工单位检查结果	专业工长(施工员): 项目专业质量检查员: 年　月　日
监理(建设)单位验收结论	专业监理工程师 (建设单位项目专业负责人): 年　月　日

注:本表内容的填写需依据《现场验收检验批检查原始记录》。本检验批质量验收的规范依据见本页背面。

表 7-49　护栏和扶手制作与安装检验批质量验收记录

护栏和扶手制作与安装检验批质量验收记录

03120401＿＿＿＿＿

单位(子单位) 工程名称			分部(子分部) 工程名称			分项工程名称	
施工单位			项目负责人			检验批容量	
分包单位			分包单位项目 负责人			检验批部位	
施工依据				验收依据			
		验收项目	设计要求及 规范规定	最小/实际 抽样数量	检查记录		检查结果
主控项目	1	材料质量	第12.5.3条	/			√
	2	造型、尺寸	第12.5.4条	/			√
	3	预埋件及连接	第12.5.5条	/			√
	4	护栏高度、位置与安装	第12.5.6条	/			√
	5	护栏玻璃	第12.5.7条	/			√
一般项目	1	转角、接缝及表面质量	第12.5.8条	/			100%
	2	安装允许偏差	护栏垂直度/mm	3	/		100%
			栏杆间距/mm	3	/		100%
			扶手直线度/mm	4	/		100%
			扶手高度/mm	3	/		100%
施工单位 检查结果			专业工长(施工员)： 项目专业质量检查员： 　　　年　　月　　日				
监理(建设)单位 验收结论			专业监理工程师 (建设单位项目专业负责人)： 　　　年　　月　　日				

注：本表内容的填写需依据《现场验收检验批检查原始记录》。本检验批质量验收的规范依据见本页背面。

单元 4 屋面分项工程检验批

• • •

表 7-50 屋面工程检验批划分

屋面工程检验批划分

序号	子分部工程	分项工程	检验批名称	编号
1	基础与保护（01）	找坡层（01）	找坡层检验批质量验收记录	04010101
2		找平层（02）	找平层检验批质量验收记录	04010201
3		隔汽层（03）	隔汽层检验批质量验收记录	04010301
4		隔离层（04）	隔离层检验批质量验收记录	04010401
5		保护层（05）	保护层检验批质量验收记录	04010501
6	保温与隔热（02）	板状材料保温层（01）	板状材料保温层检验批质量验收记录	04020101
7		纤维材料保温层（02）	纤维材料保温层检验批质量验收记录	04020201
8		喷涂硬泡聚氨酯保温层（03）	喷涂硬泡聚氨酯保温层检验批质量验收记录	04020301
9		现浇泡沫混凝土保温层（04）	现浇泡沫混凝土保温层检验批质量验收记录	04020401
10		种植隔热层（05）	种植隔热层检验批质量验收记录	04020501
11		架空隔热层（06）	架空隔热层检验批质量验收记录	04020601
12		蓄水隔热层（07）	蓄水隔热层检验批质量验收记录	04020701
13	防水与密封（03）	卷材防水层（01）	卷材防水层检验批质量验收记录	04030101
14		涂膜防水层（02）	涂膜防水层检验批质量验收记录	04030201
15		复合防水层（03）	复合防水层检验批质量验收记录	04030301
16		接缝密封防水层（04）	接缝密封防水层检验批质量验收记录	04030401
17	瓦面与板面（04）	烧结瓦和混凝土瓦铺装（01）	烧结瓦和混凝土瓦铺装检验批质量验收记录	04040101
18		沥青瓦铺装（02）	沥青瓦铺装检验批质量验收记录	04040201
19		金属板铺装（03）	金属板铺装检验批质量验收记录	04040301
20		玻璃采光顶铺装（04）	玻璃采光顶铺装检验批质量验收记录	04040401
21	细部构造（05）	檐口（01）	檐口检验批质量验收记录	04050101
22		檐沟和天沟（02）	檐沟和天沟检验批质量验收记录	04050201
23		女儿墙和山墙（03）	女儿墙和山墙检验批质量验收记录	04050301
24		水落口（04）	水落口检验批质量验收记录	04050401
25		变形缝（05）	变形缝检验批质量验收记录	04050501
26		伸出屋面管道（06）	伸出屋面管道检验批质量验收记录	04050601
27		屋面出入口（07）	屋面出入口检验批质量验收记录	04050701
28		反梁过水孔（08）	反梁过水孔检验批质量验收记录	04050801
29		设施基座（09）	设施基座检验批质量验收记录	04050901
30	细部构造（05）	屋脊（10）	屋脊检验批质量验收记录	04051001
31		屋顶窗（11）	屋顶窗检验批质量验收记录	04051101

注：未编写表格及说明的部分检验批表格，请参考相关类似表格和说明。

表 7-51 找坡层检验批质量验收记录

找坡层检验批质量验收记录

04010101 _____

单位(子单位) 工程名称		分部(子分部) 工程名称		分项工程名称	
施工单位		项目负责人		检验批容量	
分包单位		分包单位项目 负责人		检验批部位	
施工依据			验收依据		

		验收项目	设计要求及 规范规定	最小/实际 抽样数量	检查记录	检查结果
主控项目	1	材料质量及配合比	设计要求	/		
	2	排水坡度	设计要求 _____%	/		
一般项目	1	找坡层表面平整度	7 mm	/		

施工单位 检查结果	专业工长(施工员): 项目专业质量检查员: 　　　　　年　月　日
监理(建设)单位 验收结论	专业监理工程师 (建设单位项目专业负责人): 　　　　　年　月　日

注:本表内容的填写需依据《现场验收检验批检查原始记录》。本检验批质量验收的规范依据见本页背面。

表 7-52 找平层检验批质量验收记录

找平层检验批质量验收记录

04010201 _____

单位(子单位)工程名称			分部(子分部)工程名称		分项工程名称	
施工单位			项目负责人		检验批容量	
分包单位			分包单位项目负责人		检验批部位	
施工依据				验收依据		

		验收项目	设计要求及规范规定	最小/实际抽样数量	检查记录	检查结果
主控项目	1	材料质量及配合比	设计要求	/		
	2	排水坡度	设计要求 ___%			
一般项目	1	找平层表面	第 4.2.7 条	/		
	2	交接处和转角处	第 4.2.8 条	/		
	3	分格缝的位置和间距	第 4.2.9 条	/		
	4	找平层表面平整度	5mm	/		

施工单位检查结果	专业工长(施工员): 项目专业质量检查员: 年 月 日
监理(建设)单位验收结论	专业监理工程师 (建设单位项目专业负责人): 年 月 日

注:本表内容的填写需依据《现场验收检验批检查原始记录》。本检验批质量验收的规范依据见本页背面。

表7-53 板状材料保温层检验批质量验收记录

板状材料保温层检验批质量验收记录

04020101 _____

单位(子单位) 工程名称			分部(子分部) 工程名称		分项工程名称	
施工单位			项目负责人		检验批容量	
分包单位			分包单位项目 负责人		检验批部位	
施工依据				验收依据		

		验收项目	设计要求及 规范规定	最小/实际 抽样数量	检查记录	检查结果
主控项目	1	材料质量	设计要求	/		
	2	保温层的厚度	设计要求 ____ mm	/		
	3	屋面热桥部位	设计要求	/		
一般项目	1	保温材料铺设	第5.2.7条	/		
	2	固定件设置	第5.2.8条	/		
	3	表面平整度	5 mm	/		
	4	接缝高低差	2 mm	/		

施工单位 检查结果	专业工长(施工员): 项目专业质量检查员: 年　月　日
监理(建设)单位 验收结论	专业监理工程师 (建设单位项目专业负责人): 年　月　日

注:本表内容的填写需依据《现场验收检验批检查原始记录》。本检验批质量验收的规范依据见本页背面。

表 7-54　架空隔热层检验批质量验收记录

架空隔热层检验批质量验收记录

04020601 _____

单位(子单位)工程名称			分部(子分部)工程名称			分项工程名称	
施工单位			项目负责人			检验批容量	
分包单位			分包单位项目负责人			检验批部位	
施工依据				验收依据			

		验收项目	设计要求及规范规定	最小/实际抽样数量	检查记录	检查结果
主控项目	1	架空隔热制品的质量	砌块 MU _____	/		
			混凝土板 C _____	/		
	2	架空隔热制品的铺设	应平整、稳固,缝隙勾填应密实	/		
一般项目	1	隔热制品距山墙或女儿墙距离	≥250 mm	/		
	2	隔热层的高度及变形缝做法	设计要求	/		
	3	接缝高低差	3 mm	/		

施工单位检查结果	专业工长(施工员): 项目专业质量检查员: 　　　　年　月　日
监理(建设)单位验收结论	专业监理工程师 (建设单位项目专业负责人): 　　　　年　月　日

注:本表内容的填写需依据《现场验收检验批检查原始记录》。本检验批质量验收的规范依据见本页背面。

表 7-55　卷材防水层检验批质量验收记录

卷材防水层检验批质量验收记录

04030101 _____

单位(子单位)工程名称			分部(子分部)工程名称		分项工程名称	
施工单位			项目负责人		检验批容量	
分包单位			分包单位项目负责人		检验批部位	
施工依据				验收依据		

		验收项目	设计要求及规范规定	最小/实际抽样数量	检查记录	检查结果
主控项目	1	防水卷材及其配套材料的质量	设计要求	/		
	2	防水层	不得有渗漏或积水现象	/		
	3	卷材防水层的防水构造	设计要求	/		
一般项目	1	搭接缝牢固,密封严密,不得扭曲等	第6.2.13条	/		
	2	卷材防水层的收头	第6.2.14条	/		
	3	卷材搭接宽度	−10mm	/		
	4	屋面排汽构造	第6.2.16条	/		

施工单位检查结果	专业工长(施工员): 项目专业质量检查员: 年　　月　　日
监理(建设)单位验收结论	专业监理工程师 (建设单位项目专业负责人): 年　　月　　日

注:本表内容的填写需依据《现场验收检验批检查原始记录》。本检验批质量验收的规范依据见本页背面。

表 7-56 涂膜防水层检验批质量验收记录

涂膜防水层检验批质量验收记录

04030201 _____

单位(子单位)工程名称		分部(子分部)工程名称		分项工程名称	
施工单位		项目负责人		检验批容量	
分包单位		分包单位项目负责人		检验批部位	
施工依据			验收依据		

		验收项目	设计要求及规范规定	最小/实际抽样数量	检查记录	检查结果
主控项目	1	材料质量	设计要求	/		
	2	防水层	不得有渗漏和积水现象	/		
	3	涂膜防水层的防水构造	设计要求	/		
	4	涂膜防水层的平均厚度	设计要求 ____ mm	/		
一般项目	1	防水层与基层应黏结牢固,表面无缺陷	第 6.3.8 条	/		
	2	涂膜防水层的收头	第 6.3.9 条	/		
	3	胎体增强材料搭接宽度	−10 mm	/		

施工单位检查结果	专业工长(施工员): 项目专业质量检查员: 年　月　日
监理(建设)单位验收结论	专业监理工程师 (建设单位项目专业负责人): 年　月　日

注:本表内容的填写需依据《现场验收检验批检查原始记录》。本检验批质量验收的规范依据见本页背面。

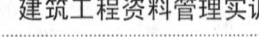

表7-57　复合防水层检验批质量验收记录

复合防水层检验批质量验收记录

04030301 _____

单位(子单位) 工程名称			分部(子分部) 工程名称		分项工程名称	
施工单位			项目负责人		检验批容量	
分包单位			分包单位项目 负责人		检验批部位	
施工依据				验收依据		

		验收项目	设计要求及 规范规定	最小/实际 抽样数量	检查记录	检查结果
主控项目	1	防水材料及其配套材料质量	设计要求	/		
	2	防水层	不得有渗漏 或积水现象	/		
	3	复合防水层的防水构造	设计要求	/		
一般项目	1	卷材和涂膜应粘贴牢固,不得有空鼓 等现象	第6.4.7条/			
	2	复合防水层的总厚度	设计要求 ____mm			

施工单位 检查结果	专业工长(施工员): 项目专业质量检查员: 年　　月　　日
监理(建设)单位 验收结论	专业监理工程师 (建设单位项目专业负责人): 年　　月　　日

注:本表内容的填写需依据《现场验收检验批检查原始记录》。本检验批质量验收的规范依据见本页背面。

表 7-58 接缝密封防水层检验批质量验收记录

接缝密封防水层检验批质量验收记录

04030401 _____

单位(子单位) 工程名称			分部(子分部) 工程名称		分项工程名称	
施工单位			项目负责人		检验批容量	
分包单位			分包单位项目 负责人		检验批部位	
施工依据				验收依据		

		验收项目	设计要求及 规范规定	最小/实际 抽样数量	检查记录	检查结果
主控项目	1	密封材料及其配套材料质量	设计要求	/		
	2	密封材料嵌填质量	第6.5.5条	/		
一般项目	1	密封防水部位的基层	第6.5.6条	/		
	2	接缝宽度和密封材料的嵌填深度	第6.5.7条	/		
	3	接缝宽度的允许偏差	±10%	/		
	4	嵌填的密封材料表面质量	第6.5.8条	/		

施工单位 检查结果	专业工长(施工员): 项目专业质量检查员: 年 月 日
监理(建设)单位 验收结论	专业监理工程师 (建设单位项目专业负责人): 年 月 日

注:本表内容的填写需依据《现场验收检验批检查原始记录》。本检验批质量验收的规范依据见本页背面。

表7-59 烧结瓦和混凝土瓦铺装检验批质量验收记录

烧结瓦和混凝土瓦铺装检验批质量验收记录

04040101 _____

单位(子单位) 工程名称		分部(子分部) 工程名称		分项工程名称	
施工单位		项目负责人		检验批容量	
分包单位		分包单位项目 负责人		检验批部位	
施工依据			验收依据		

		验收项目	设计要求及 规范规定	最小/实际 抽样数量	检查记录	检查结果
主控项目	1	瓦材及防水垫层的质量	设计要求	/		
	2	层面不得有渗漏现象	第7.2.6条	/		
	3	瓦片必须铺置牢固	第7.2.7条	/		
一般项目	1	挂瓦条应分档均匀,铺钉,瓦面应平整	第7.2.8条	/		
	2	脊瓦应搭盖正确	第7.2.9条	/		
	3	泛水做法	设计要求	/		
	4	烧结瓦和混凝土瓦铺装的有关尺寸	设计要求	/		

施工单位 检查结果	专业工长(施工员): 项目专业质量检查员: 年　月　日
监理(建设)单位 验收结论	专业监理工程师 (建设单位项目专业负责人): 年　月　日

注:本表内容的填写需依据《现场验收检验批检查原始记录》。本检验批质量验收的规范依据见本页背面。

表 7-60　檐沟和天沟检验批质量验收记录

檐沟和天沟检验批质量验收记录

04050201 _____

单位(子单位)工程名称			分部(子分部)工程名称		分项工程名称	
施工单位			项目负责人		检验批容量	
分包单位			分包单位项目负责人		检验批部位	
施工依据				验收依据		

		验收项目	设计要求及规范规定	最小/实际抽样数量	检查记录	检查结果
主控项目	1	檐沟、天沟的防水构造	设计要求	/		
	2	檐沟、天沟的排水坡度应符合设计要求;沟内不得有渗漏和积水现象	第 8.3.2 条	/		
一般项目	1	檐沟、天沟附加层铺设	设计要求	/		
	2	檐沟防水层,卷材收头,涂膜收头	第 8.3.4 条	/		
	3	檐沟外侧顶部及侧面应抹聚合物水泥砂浆,其下端应做成鹰嘴或滴水槽	第 8.3.5 条	/		

施工单位检查结果	专业工长(施工员): 项目专业质量检查员: 年　月　日
监理(建设)单位验收结论	专业监理工程师 (建设单位项目专业负责人): 年　月　日

注:本表内容的填写需依据《现场验收检验批检查原始记录》。本检验批质量验收的规范依据见本页背面。

表7-61　水落口检验批质量验收记录

水落口检验批质量验收记录

04050401 _____

		单位(子单位)工程名称		分部(子分部)工程名称		分项工程名称	
		施工单位		项目负责人		检验批容量	
		分包单位		分包单位项目负责人		检验批部位	
		施工依据			验收依据		
		验收项目	设计要求及规范规定	最小/实际抽样数量	检查记录		检查结果
主控项目	1	水落口的防水构造	设计要求	/			
	2	水落口杯上口应设置在沟底的最低处,水落口处不得有渗漏等现象	第8.5.2条	/			
一般项目	1	水落口的数量和位置要求,水落口杯安装牢固	设计要求	/			
	2	周围直径500 mm范围内坡度;周围附加层铺设	设计要求	/			
	3	防水层及附加层伸入水落口杯内不应小于50 mm,黏结牢固	第8.5.5条	/			
施工单位检查结果			专业工长(施工员): 项目专业质量检查员: 　　　　　年　月　日				
监理(建设)单位验收结论			专业监理工程师 (建设单位项目专业负责人): 　　　　　年　月　日				

注:本表内容的填写需依据《现场验收检验批检查原始记录》。本检验批质量验收的规范依据见本页背面。

单元 **5** 建筑给水排水及采暖工程检验批划分

表 7-62 建筑给水排水及供暖工程检验批划分

建筑给水排水及供暖工程检验批划分

序号	子分部工程	分项工程	检验批名称	编号
1	室内给水系统(01)	给水管道及配件安装(01)	给水管道及配件安装检验批质量验收记录	05010101
2		给水设备安装(02)	给水设备安装检验批质量验收记录	05010201
3		室内消火栓系统安装(03)	室内消火栓系统安装检验批质量验收记录	05010301
4		消防喷淋系统安装(04)	消防喷淋系统安装检验批质量验收记录	05010401
5		防腐(05)	给水管道及配件安装检验批质量验收记录	05010501
6		绝热(06)	给水管道及配件安装检验批质量验收记录	05010601
7			给水设备安装检验批质量验收记录	05010602
8		管道冲洗、消毒(07)	给水管道及配件安装检验批质量验收记录	05010701
9		试验与调试(08)	给水管道及配件安装检验批质量验收记录	05010801
10			给水设备安装检验批质量验收记录	05010802
11			室内消火栓系统安装检验批质量验收记录	05010803
12	室内排水系统(02)	排水管道及配件安装(01)	排水管道及配件安装检验批质量验收记录	05020101
13		雨水管道及配件安装(02)	雨水管道及配件安装检验批质量验收记录	05020201
14		防腐(03)	室内排水系统防腐检验批质量验收记录	05020301
15		试验与调试(04)	排水管道及配件安装检验批质量验收记录	05020401
16			雨水管道及配件安装检验批质量验收记录	05020402
17	室内热水系统(03)	管道及配件安装(01)	管道及配件安装检验批质量验收记录	05030101
18		辅助设备安装(02)	辅助设备安装检验批质量验收记录	05030201
19		防腐(03)	防腐检验批质量验收记录	05030301
20		绝热(04)	管道及配件安装检验批质量验收记录	05030401
21		试验与调试(05)	管道及配件安装检验批质量验收记录	05030501
22			辅助设备安装检验批质量验收记录	05030502
23	卫生器具(04)	卫生器具安装(01)	卫生器具安装检验批质量验收记录	05040101
24		卫生器具给水配件安装(02)	卫生器具给水配件安装检验批质量验收记录	05040201
25		卫生器具排水管道安装(03)	卫生器具排水管道安装检验批质量验收记录	05040301
26		实验与调试(04)	试验与调试检验批质量验收记录	05040401

续表

序号	子分部工程	分项工程	检验批名称	编号
27	室内供暖系统（05）	管道及配件安装（01）	管道及配件安装检验批质量验收记录	05050101
28		辅助设备安装（02）	辅助设备安装检验批质量验收记录	05050201
29		散热器安装（03）	散热器安装检验批质量验收记录	05050301
30		低温热水地板辐射供暖系统安装（04）	低温热水地板辐射供暖系统安装检验批质量验收记录	05050401
31		电加热供暖系统安装（05）	电加热供暖系统安装检验批质量验收记录	05050501
32		燃气红外辐射供暖系统安装（06）	燃气红外辐射供暖系统安装检验批质量验收记录	05050601
33		热风供暖系统安装（07）	热风供暖系统安装检验批质量验收记录	05050701
34		热计量及调控装置安装	热计量及调控装置安装检验批质量验收记录	05050801
35		试验与调试	试验与调试检验批质量验收记录	05050901
36		防腐	防腐检验批质量验收记录	05051001
37		绝热	绝热检验批质量验收记录	05051101
38	室外给水管网	给水管道安装	给水管道检验批质量验收记录	05060101
39		室外消火栓系统	室外消火栓系统安装检验批质量验收记录	05060201
40		试验与调试	给水管道安装检验批质量验收记录	05060301
41			室外消火栓系统安装检验批质量验收记录	05060302
42	室外排水管网	排水管道安装	排水管道安装检验批质量验收记录	05070101
43		排水管沟与井池	排水管沟与井池检验批质量验收记录	05070201
44		试验与调试	排水管道安装检验批质量验收记录	05070301
45			排水管沟与井池检验批质量验收记录	05070302
46	室外供热管网	管道及配件安装	管道及配件安装检验批质量验收记录	05080101
47		系统水压试验	系统水压试验检验批质量验收记录	05080201
48		土建结构	土建结构检验批质量验收记录	05080301
49		防腐	防腐检验批质量验收记录	05080401
50		绝热	绝热检验批质量验收记录	05080501
51		试验与调试	试验与调试检验批质量验收记录	05080601
52	建筑饮用水供应系统	管道及配件安装	管道及配件安装检验批质量验收记录	05090101
53		水处理设备及控制设备安装	水处理设备及控制设施安装检验批质量验收记录	05090201
54		防腐	防腐检验批质量验收记录	05090301
55		绝热	绝热检验批质量验收记录	05090401
56		试验与调试	实验与调试检验批质量验收记录	05090501

续表

序号	子分部工程	分项工程	检验批名称	编号
57	建筑中水系统及雨水利用系统	建筑中水系统	建筑中水系统检验批质量验收记录	05100101
58		雨水利用系统管道及配件安装	雨水利用系统管道及配件安装检验批质量验收记录	05100201
59		水处理设备及控制设施安装	水处理设备及控制设施安装检验批质量验收记录	05100301
60		防腐	防腐检验批质量验收记录	05100401
61		绝热	绝热检验批质量验收记录	05100501
62		实验与调试	试验与调试检验批质量验收记录	05100601
63	游泳池及公共浴池水系统	管道及配件系统安装	管道及配件系统安装检验批质量验收记录	05110101
64		水处理设备及控制设施安装	水处理设备及控制设施安装检验批质量验收记录	05110201
65		防腐	防腐检验批质量验收记录	05110301
66		绝热	绝热检验批质量验收记录	05110401
67		试验与调试	试验与调试检验批质量验收记录	05110501
68	水景喷泉系统	管道系统及配件安装	管道系统及配件安装检验批质量验收记录	05120101
69		防腐	防腐检验批质量验收记录	05120201
70		绝热	绝热检验批质量验收记录	05120301
71		试验与调试	试验与调试检验批质量验收记录	05120401
72	热源及辅助设备	锅炉安装	锅炉安装检验批质量验收记录	05130101
73		辅助设备及管道安装	辅助设备及管道安装检验批质量验收记录	05130201
74		安全附件安装	安全附件安装检验批质量验收记录	05130301
75		换热站安装	换热站安装检验批质量验收记录	05130401
76		防腐	防腐检验批质量验收记录	05130501
77		绝热	绝热检验批质量验收记录	05130601
78		试验与调试	试验与调试检验批质量验收记录	05130701
79	检测与控制仪表	检测仪器及仪表的安装	检测仪器及仪表的安装检验批质量验收记录	05140101
80		试验与调试	试验与调试检验批质量验收记录	05140201

表 7-63 给水管道及配件安装检验批质量验收记录

给水管道及配件安装检验批质量验收记录

05010101 _____

单位(子单位) 工程名称			分部(子分部) 工程名称			分项工程名称		
施工单位			项目负责人			检验批容量		
分包单位			分包单位项目 负责人			检验批部位		
施工依据				验收依据				

		验收项目			设计要求及 规范规定	最小/实际 抽样数量	检查记录	检查结果
主控项目	1	给水管道　水压试验			设计要求		/	
	2	给水系统　通水试验			第4.2.2条		/	
	3	生活给水系统管道冲洗和消毒			第4.2.3条		/	
	4	直埋金属给水管道　防腐			第4.2.4条		/	
一般项目	1	给排水管铺设的平行、垂直净距			第4.2.5条		/	
	2	金属给水管道及管件焊接			第4.2.6条		/	
	3	给水水平管道　坡度坡向			第4.2.7条		/	
	4	管道支、吊架			第4.2.9条		/	
	5	水表安装			第4.2.10条		/	
	6	水平管道纵、横方向弯曲允许偏差	钢管	每1 m	1 mm		/	
				全长25 m以上	≤25 mm		/	
			塑料管 复合管	每1 m	1.5mm		/	
				全长25 m以上	≤25mm		/	
			铸铁管	每1 m	2 mm		/	
				全长25 m以上	≤25 mm		/	
		立管垂直度允许偏差	钢管	每1 m	3 mm		/	
				5 m以上	≤8 mm		/	
			塑料管 复合管	每1 m	2 mm		/	
				5 m以上	≤8 mm		/	
			铸铁管	每1 m	3 mm		/	
				5 m以上	≤10 mm		/	
		成排管段和成排阀门	在同一平 面上间距		3 mm		/	
	7	管道及设备保温	厚度		$+0.1\delta$ -0.05δ		/	
			表面平整度	卷材	5 mm		/	
				涂抹	10 mm		/	

施工单位 检查结果	专业工长(施工员): 项目专业质量检查员: 　　　　　　　年　月　日
监理(建设)单位 验收结论	专业监理工程师 (建设单位项目专业负责人): 　　　　　　　年　月　日

注:本表内容的填写需依据《现场验收检验批检查原始记录》。本检验批质量验收的规范依据见本页背面。

表 7-64　给水设备安装检验批质量验收记录

给水设备安装检验批质量验收记录

05010201 _____

单位(子单位) 工程名称				分部(子分部) 工程名称			分项工程名称	
施工单位				项目负责人			检验批容量	
分包单位				分包单位项目 负责人			检验批部位	
施工依据						验收依据		
主控项目		验收项目		设计要求及 规范规定		最小/实际 抽样数量	检查记录	检查结果
	1	水泵基础		设计要求		/		
	2	水泵试运转的轴承温升		设计要求		/		
	3	敞口水箱满水试验和密闭水箱(罐) 水压试验		第 4.4.3 条		/		
一般项目	1	水箱支架或底座安装		第 4.4.4 条				
	2	水箱溢流管和泄放管设置		第 4.4.5 条				
	3	立式水泵减振装置		第 4.4.6 条				
	4	安装允许偏差	静置设备 坐标	15 mm			/	
			标高	±5 mm			/	
			垂直度(每米)	5 mm			/	
		离心式水泵	立式垂直度(每米)	0.1 mm			/	
			卧式水平度(每米)	0.1 mm			/	
			联轴器同心度 轴向倾斜(每米)	0.8 mm				/
			径向移位	0.1 mm				/
	5	保温层允许偏差	厚度 δ	$+0.1\delta$ -0.05δ			/	
			表面平整度 卷材	5 mm			/	
			涂抹	10 mm			/	
施工单位 检查结果			专业工长(施工员): 项目专业质量检查员: 　　　　　　　年　　月　　日					
监理(建设)单位 验收结论			专业监理工程师 (建设单位项目专业负责人): 　　　　　　　年　　月　　日					

注:本表内容的填写需依据《现场验收检验批检查原始记录》。本检验批质量验收的规范依据见本页背面。

表 7-65　室内消火栓系统安装检验批质量验收记录

室内消火栓系统安装检验批质量验收记录

05010301　001

单位(子单位)工程名称			分部(子分部)工程名称		分项工程名称	
施工单位			项目负责人		检验批容量	
分包单位			分包单位项目负责人		检验批部位	
施工依据				验收依据		

主控项目		验收项目	设计要求及规范规定	最小/实际抽样数量	检查记录	检查结果
	1	室内消火栓试射试验	设计要求		/	
一般项目	1	室内消火栓水龙带在箱内安放	第4.3.2条			
	2	栓口朝外,并不应安装在门轴侧	第4.3.3条		/	
		栓口中心距地面1.1 m	±20 mm		/	
		阀门中心距箱侧面140 mm,距箱后内表面100 mm	±5 mm		/	
		消火栓箱体安装的垂直度	3 mm		/	

施工单位检查结果	专业工长(施工员):　项目专业质量检查员:　　　　　　　　　　　　　　　　　　　　　　　　年　　月　　日
监理(建设)单位验收结论	专业监理工程师(建设单位项目专业负责人):　　　　　　　　　　　　　　　　　　　　　　　　年　　月　　日

注:本表内容的填写需依据《现场验收检验批检查原始记录》。本检验批质量验收的规范依据见本页背面。

表 7-66　雨水管道及配件安装检验批质量验收记录

雨水管道及配件安装检验批质量验收记录

05020201

单位(子单位)工程名称				分部(子分部)工程名称			分项工程名称		
施工单位				项目负责人			检验批容量		
分包单位				分包单位项目负责人			检验批部位		
施工依据					验收依据				

		验收项目				设计要求及规范规定	最小/实际抽样数量	检查记录	检查结果
主控项目	1	室内雨水管道灌水试验				第 5.3.1 条	/		
	2	塑料雨水管安装伸缩节				第 5.3.2 条	/		
	3	地下埋设雨水管道最小坡度				第 5.3.3 条	/		
一般项目	1	雨水管不得与生活污水管相连接				第 5.3.5 条	/		
	2	雨水斗安装				第 5.3.5 条	/		
	3	悬吊式雨水管道检查口间距		管径≤150		≤15 m	/		
				管径≥200		≤20 m	/		
	4	排水管安装允许偏差		坐　标		15 mm	/		
				标　高		±15mm	/		
			横管纵横方向弯曲	铸铁管	每 1 m	≤1 mm	/		
					全长(25 m 以上)	≤25 mm	/		
				钢管	每 1 m　管径≤100 mm	1 mm	/		
					管径>100 mm	1.5 mm	/		
					全长 25 m 以上　管径≤100 mm	≤25 mm	/		
					管径>100 mm	≤38 mm	/		
				塑料管	每 1 m	1.5 mm	/		
					全长(25 m 以上)	≤38 mm	/		
				钢筋混凝土管	每 1 m	3 mm	/		
					全长(25 m 以上)	≤75 mm	/		
			立管垂直度	铸铁管	每 1 m	3 mm	/		
					全长(25 m 以上)	≤15 mm	/		
				钢管	每 1 m	3 mm	/		
					全长(25 m 以上)	≤10 mm	/		
				塑料管	每 1 m	3 mm	/		
					全长(25 m 以上)	≤15 mm	/		
	5	焊缝允许偏差	焊口平直度	管壁厚 10 mm 以内		管壁厚 1/4	/		
			焊缝加强面	高度		+1 mm			
				宽度					
			咬边	深度		小于 0.5 mm	/		
				长度	连续长度	25 mm	/		
					总长度(两侧)	小于焊缝长度的 10%			

施工单位检查结果	专业工长(施工员)： 项目专业质量检查员： 　　　　　　年　　月　　日
监理(建设)单位验收结论	专业监理工程师 (建设单位项目专业负责人)： 　　　　　　年　　月　　日

注：本表内容的填写需依据《现场验收检验批检查原始记录》。本检验批质量验收的规范依据见本页背面。

247

表7-67 排水管道及配件安装检验批质量验收记录

排水管道及配件安装检验批质量验收记录

05020401

单位(子单位) 工程名称					分部(子分部) 工程名称			分项工程名称		
施工单位					项目负责人			检验批容量		
分包单位					分包单位项目 负责人			检验批部位		
施工依据						验收依据				
主控项目		验收项目			设计要求及 规范规定	最小/实际 抽样数量		检查记录		检查结果
	1	排水管道灌水试验			第5.2.1条	/				
	2	生活污水铸铁管坡度			第5.2.2条	/				
	3	生活污水塑料管坡度			第5.2.3条	/				
	4	排水塑料管安装伸缩节			设计要求	/				
	5	排水主立管及水平干管通球试验			第5.2.5条	/				
一般项目	1	生活污水管道上设检查口和清扫口			第5.2.6条	/				
	2	地下或地板下排水管道的检查口			第5.2.7条	/				
	3	金属管支、吊架安装			第5.2.8条	/				
	4	塑料管支、吊架安装			第5.2.9条	/				
	5	排水通气管安装			第5.2.10条	/				
	6	医院污水需消毒处理			第5.2.11条	/				
	7	饮食业工艺排水			第5.2.12条	/				
	8	通向室外排水管安装			第5.2.13条	/				
	9	室内向室外排水检查井的管道安装			第5.2.14条	/				
	10	室内排水管道连接			第5.2.15条	/				
	11 排水管安装允许偏差	坐标			15 mm	/				
		标高			±15 mm	/				
		横管纵横方向弯曲	铸铁管	每1 m	≤1 mm	/				
				全长(25 m以上)	≤25 mm	/				
			钢管	每1 m 管径≤100 mm	1 mm	/				
				管径>100 mm	1.5 mm	/				
				全长25 m以上 管径≤100 mm	≤25 mm	/				
				管径>100 mm	≤38 mm	/				
			塑料管	每1 m	1.5 mm	/				
				全长(25 m以上)	≤38 mm	/				
			钢筋混凝土管	每1 m	3 mm	/				
				全长(25 m以上)	≤75 mm	/				
		立管垂直度	铸铁管	每1 m	3 mm	/				
				全长(5 m以上)	≤15 mm	/				
			钢管	每1 m	3 mm	/				
				全长(5 m以上)	≤10 mm	/				
			塑料管	每1 m	3 mm	/				
				全长(5 m以上)	≤15 mm	/				
施工单位 检查结果					专业工长(施工员): 项目专业质量检查员: 年 月 日					
监理(建设)单位 验收结论					专业监理工程师 (建设单位项目专业负责人): 年 月 日					

注:本表内容的填写需依据《现场验收检验批检查原始记录》。本检验批质量验收的规范依据见本页背面。

表 7-68　卫生器具安装检验批质量验收记录

卫生器具安装检验批质量验收记录

05040101 _____

单位(子单位)工程名称			分部(子分部)工程名称		分项工程名称	
施工单位			项目负责人		检验批容量	
分包单位			分包单位项目负责人		检验批部位	
施工依据				验收依据		

主控项目		验收项目		设计要求及规范规定	最小/实际抽样数量	检查记录	检查结果
	1	排水栓与地漏安装		第7.2.1条	/		
	2	卫生器具满水试验和通水试验		第7.2.2条	/		
一般项目	1	卫生器具安装允许偏差	坐标　单独器具	10 mm	/		
			坐标　成排器具	5 mm	/		
			标高　单独器具	±15 mm	/		
			标高　成排器具	±10 mm	/		
			器具水平度	2 mm	/		
			器具垂直度	3 mm	/		
	2	饰面浴盆,应留有通向浴盆口的检修门		第7.2.4条	/		
		小便槽冲洗管,采用镀锌钢管或硬质塑料管,冲洗管应斜向下方安装		第7.2.5条	/		
	3	卫生器具的支、托架		第7.2.6条	/		

施工单位检查结果	专业工长(施工员): 项目专业质量检查员: 年　月　日
监理(建设)单位验收结论	专业监理工程师 (建设单位项目专业负责人): 年　月　日

注:本表内容的填写需依据《现场验收检验批检查原始记录》。本检验批质量验收的规范依据见本页背面。

表 7-69　卫生器具及给水配件安装检验批质量验收记录

卫生器具及给水配件安装检验批质量验收记录

05040201 _____

单位(子单位)工程名称			分部(子分部)工程名称		分项工程名称	
施工单位			项目负责人		检验批容量	
分包单位			分包单位项目负责人		检验批部位	
施工依据				验收依据		

主控项目		验收项目		设计要求及规范规定	最小/实际抽样数量	检查记录	检查结果
	1	卫生器具给水配件		第7.3.1条	/		
一般项目	1	给水配件安装允许偏差	高、低水箱、阀角及截止阀水嘴	±10 mm	/		
			淋浴器喷头下沿	±15 mm	/		
			浴盆软管淋浴器挂钩	±20 mm	/		
	2	器具水平度		2 mm	/		

施工单位检查结果	专业工长(施工员)： 项目专业质量检查员： 　　　　　年　　月　　日
监理(建设)单位验收结论	专业监理工程师 (建设单位项目专业负责人)： 　　　　　年　　月　　日

注：本表内容的填写需依据《现场验收检验批检查原始记录》。本检验批质量验收的规范依据见本页背面。

表 7-70　卫生器具排水管道安装检验批质量验收记录

卫生器具排水管道安装检验批质量验收记录

05040301 _____

单位(子单位) 工程名称				分部(子分部) 工程名称		分项工程名称	
施工单位				项目负责人		检验批容量	
分包单位				分包单位项目 负责人		检验批部位	
施工依据					验收依据		
主控项目		验收项目		设计要求及 规范规定	最小/实际 抽样数量	检查记录	检查结果
	1	器具受水口与立管,管道与楼板接合		第7.4.1条	/		
	2	连接排水管应严密,其支托架安装		第7.4.2条	/		
一般项目	1	安装允许偏差	横管弯曲度	每1 m 长	2 mm	/	
				横管长度 ≤10 m,全长	<8 mm	/	
				横管长度 >10 m,全长	10 mm	/	
			卫生器具的 排水管口及 横支管的纵 横坐标	单独器具	10 mm	/	
				成排器具	5 mm	/	
			卫生器具的 接口标高	单独器具	±10 mm	/	
				成排器具	±5 mm	/	
	2	排水管最小坡度	污水盆(池)管径50 mm		25‰	/	
			单、双格洗涤盆(池)管径50 mm		25‰	/	
			洗手盆、洗脸盆管径32~50 mm		20‰	/	
			浴盆管径50 mm		20‰	/	
			淋浴器管径50 mm		20‰	/	
			大便器	高低水箱管径100 mm	12‰	/	
				自闭式冲洗阀管径100 mm	12‰	/	
				拉管式冲洗阀管径100 mm	12‰	/	
			小便器	冲洗阀管径40~50 mm	20‰	/	
				自动冲洗水箱管径40~50 mm	20‰	/	
			化验盆(无塞)管径40~50 mm		25‰	/	
			净身器管径40~50 mm		20‰	/	
			饮水器管径20~50 mm		10‰~20‰	/	

施工单位 检查结果	专业工长(施工员): 项目专业质量检查员: 年　月　日
监理(建设)单位 验收结论	专业监理工程师 (建设单位项目专业负责人): 年　月　日

注:本表内容的填写需依据《现场验收检验批检查原始记录》。本检验批质量验收的规范依据见本页背面。

表 7-71　室外给水管道安装检验批质量验收记录

室外给水管道安装检验批质量验收记录

05060301 _____

单位(子单位)工程名称			分部(子分部)工程名称			分项工程名称		
施工单位			项目负责人			检验批容量		
分包单位			分包单位项目负责人			检验批部位		
施工依据				验收依据				

		验收项目		设计要求及规范规定	最小/实际抽样数量	检查记录	检查结果
主控项目	1	埋地管道覆土深度		第9.2.1条	/		
	2	给水管道不得直接穿越污染源		第9.2.2条	/		
	3	管道上可拆和易腐件,不埋在土中		第9.2.3条	/		
	4	管井内安装与井壁的距离		第9.2.4条	/		
	5	管道的水压试验		第9.2.5条	/		
	6	埋地管道的防腐		第9.2.6条	/		
	7	管道的冲洗与消毒		第9.2.7条	/		
一般项目	1	管道和支架的涂漆		第9.2.9条	/		
	2	阀门、水表安装位置		第9.2.10条	/		
	3	给水与污水管平行铺设的最小间距		第9.2.11条	/		
	4	铸铁管承插捻口连接的对口间隙		第9.2.12条	/		
		铸铁管沿直线敷设,承插捻口连接的环型间隙		第9.2.13条	/		
		捻口用的油麻填料必须清洁,填塞后应捻实		第9.2.14条	/		
		捻口用水泥强度应不低于 32.5 MPa,接口水泥应密实饱满		第9.2.15条	/		
		采用水泥捻口的给水铸铁管,在安装地点有侵蚀性的地下水时,应在接口处涂抹沥青防腐层		第9.2.16条	/		
		橡胶圈接口的埋地给水管道		第9.2.17条	/		
	5	管道安装允许偏差	坐标	铸铁管	埋地	100 mm	/
					敷设在沟槽内	50 mm	/
				钢管、塑料管、复合管	埋地	100 mm	/
					敷沟内或架空	40 mm	/
			标高	铸铁管	埋地	±50 mm	/
					敷设地沟内	±30 mm	/
				钢管、塑料管、复合管	埋地	±50 mm	/
					敷沟内或架空	±30 mm	/
			水平管纵向横向弯曲	铸铁管	直段(25 m以上)起点~终点	40 mm	/
				钢管、塑料管、复合管	直段(25 m以上)起点~终点	30 mm	/

施工单位检查结果	专业工长(施工员): 项目专业质量检查员: 　　　　年　月　日
监理(建设)单位验收结论	专业监理工程师 (建设单位项目专业负责人): 　　　　年　月　日

注:本表内容的填写需依据《现场验收检验批检查原始记录》。本检验批质量验收的规范依据见本页背面。

表7-72　室外消火栓系统安装检验批质量验收记录

室外消火栓系统安装检验批质量验收记录

05060302＿001

单位(子单位) 工程名称			分部(子分部) 工程名称		分项工程名称		
施工单位			项目负责人		检验批容量		
分包单位			分包单位项目 负责人		检验批部位		
施工依据				验收依据			
		验收项目	设计要求及 规范规定	最小/实际 抽样数量	检查记录	检查结果	
主控项目	1	系统水压试验	第9.3.1条	/			
	2	管道冲洗	第9.3.2条	/			
	3	消防水泵结合器和室外消火栓位置标识	第9.3.3条	/			
一般项目	1	地下式消防水泵接合器、消火栓安装	第9.3.5条	/			
	2	阀门安装应方向正确,启闭灵活	第9.3.6条	/			
	3	室外消火栓和消防水泵结合器安装尺寸,栓口安装高度允许偏差	±20 mm	/			
施工单位 检查结果			专业工长(施工员): 项目专业质量检查员: 　　　　年　　月　　日				
监理(建设)单位 验收结论			专业监理工程师 (建设单位项目专业负责人): 　　　　年　　月　　日				

注:本表内容的填写需依据《现场验收检验批检查原始记录》。本检验批质量验收的规范依据见本页背面。

表 7-73　排水管道安装检验批质量验收记录

排水管道安装检验批质量验收记录

05070101

单位(子单位)工程名称			分部(子分部)工程名称		分项工程名称	
施工单位			项目负责人		检验批容量	
分包单位			分包单位项目负责人		检验批部位	
施工依据				验收依据		

主控项目		验收项目		设计要求及规范规定	最小/实际抽样数量	检查记录	检查结果
主控项目	1	管道坡度符合设计要求、严禁无坡和倒坡		设计要求	/		
	2	灌水和通水试验		第10.2.2条	/		
一般项目	1	排水铸铁管的水泥捻口		第10.2.4条	/		
	2	排水铸铁管,除锈、涂漆		第10.2.5条	/		
	3	承插接口安装方向		第10.2.6条	/		
	4	砼管或钢筋砼管抹带接口的要求		第10.2.7条	/		
	5	允许偏差	坐标 埋地	100 mm	/		
			坐标 敷设在沟槽内	50 mm	/		
			标高 埋地	±20 mm	/		
			标高 敷设在沟槽内	±20 mm	/		
			水平管道纵向横向弯曲 每5m长	10 mm	/		
			水平管道纵向横向弯曲 全长(两井间)	30 mm	/		

施工单位检查结果	专业工长(施工员): 项目专业质量检查员: 年　月　日
监理(建设)单位验收结论	专业监理工程师 (建设单位项目专业负责人): 年　月　日

注:本表内容的填写需依据《现场验收检验批检查原始记录》。本检验批质量验收的规范依据见本页背面。

表 7-74 排水管沟与井池检验批质量验收记录

排水管沟与井池检验批质量验收记录

05070201 _____

单位(子单位) 工程名称			分部(子分部) 工程名称		分项工程名称	
施工单位			项目负责人		检验批容量	
分包单位			分包单位项目 负责人		检验批部位	
施工依据			验收依据			

		验收项目	设计要求及 规范规定	最小/实际 抽样数量	检查记录	检查结果
主控项目	1	沟基的处理和井池的底板	设计要求	/		
	2	检查井、化粪池的底板及进、出口水管标高	设计要求	/		
一般项目	1	井池的规格、尺寸和位置砌筑、抹灰	第10.3.3条	/		
	2	井盖标识、选用正确	第10.3.4条	/		

施工单位 检查结果	专业工长(施工员): 项目专业质量检查员: 年 月 日
监理(建设)单位 验收结论	专业监理工程师 (建设单位项目专业负责人): 年 月 日

注:本表内容的填写需依据《现场验收检验批检查原始记录》。本检验批质量验收的规范依据见本页背面。

单元 6 通风与空调工程分项检验批

表 7-75 通风与空调工程检验批划分

通风与空调工程检验批划分

序号	子分部工程	分项工程	检验批名称	编号
1	送风系统（01）	风管与配件制作（01）	风管与配件制作检验质量验收记录（Ⅰ）（金属风管）	06010101
2			风管与配件制作检验质量验收记录（Ⅱ）（非金属、复合材料风管）	06010102
3		部件制作（02）	部件制作检验批质量验收记录	06010201
4		风管系统安装（03）	风管系统安装检验批质量记录（Ⅰ）（送、排风、防排烟、除尘系统）	06010301
5		风机与空气处理设备安装（04）	风机安装工程检验批质量验收记录	06010401
6			空气处理设备安装检验批质量验收记录（Ⅰ）（通风系统）	06010402
7		风管与设备防腐（05）	风管与设备防腐检验批质量验收记录	06010501
8		旋流风口、岗位送风口、织物（布）风管安装（06）	旋流风口、岗位送风口、织物（布）风管安装检验批质量验收记录	06010601
9		系统调试（07）	通风与空调工程系统调试检验批质量验收记录	06010701
10	排风系统（02）	风管与配件制作（01）	风管与配件制作检验批质量验收记录（Ⅰ）（金属风管）	06020101
11			风管与配件制作检验质量验收记录（Ⅱ）（非金属、复合材料风管）	06020102
12		部件制作（02）	部件制作检验批质量验收记录	06020201
13		风管系统安装（03）	风管系统安装检验批质量验收记录（Ⅰ）（送、排风、防排烟、除尘系统）	06020301
14		风机与空气处理设备安装（04）	风机安装工程检验批质量验收记录	06020401
15			空气处理设备安装检验批质量验收记录（Ⅰ）（通风系统）	06020402
16		风管与设备防腐（05）	风管与设备防腐检验批质量验收记录	06020501
17		吸风罩及其他空气处理设备安装（06）	吸风罩及其他空气处理设备安装检验批质量质量验收记录	06020601
18		厨房、卫生间排风风系统安装（07）	厨房、卫生间排风系统安装检验批质量质量验收记录	06020701
19		系统调试（08）	通风与空调工程系统调试检验批质量验收记录	06020801

续表

序号	子分部工程	分项工程	检验批名称	编号
20	防排烟系统（03）	风管与配件制作（01）	风管与配件制作检验批质量验收记录（Ⅰ）（金属风管）	06030101
21			风管与配件制作检验质量验收记录（Ⅱ）（非金属、复合材料风管）	06030102
22		部件制作（02）	部件制作检验批质量验收记录	06030201
23		风管系统安装（03）	风管系统安装检验批质量验收记录（Ⅰ）（送、排风、防排烟、除尘系统）	06030301
24		风机与空气处理设备安装（04）	风机安装工程检验批质量验收记录	06030401
25			空气处理设备安装检验批质量验收记录（Ⅰ）（通风系统）	06030402
26		风管与设备防腐（05）	风管与设备防腐检验批质量验收记录	06030501
27		排烟风阀（口）、常闭正压风口、防火风管安装（06）	排烟风阀（口）、常闭正压风口、防火风管安装检验批质量验收记录	06030601
28		系统调试（07）	通风与空调工程系统调试检验批质量验收记录	06030701
29	除尘系统（04）	风管与配件制作（01）	风管与配件制作检验批质量验收记录（金属风管）	06040101
30			风管与配件制作检验批质量验收记录（非金属、复合材料风管）	06040102
31		部件制作（02）	部件制作检验批质量验收记录	06040201
32		风管系统安装（03）	风管系统安装检验批质量验收记录（Ⅰ）（送、排风、防排烟、除尘系统）	06040301
33		风机与空气处理设备安装（04）	风机安装工程检验批质量验收记录	06040401
34			空气处理设备安装检验批质量验收记录（Ⅰ）（通风系统）	06040402
35		风管与设备防腐（05）	风管与设备防腐检验批质量验收记录	06040501
36		除尘器与排污设备安装（06）	除尘器与排污设备安装检验批质量验收记录	06040601
37		吸尘罩安装（07）	吸尘罩安装检验批质量验收记录	06040701
38		高温风管绝热（08）	高温风管绝热检验批质量验收记录	06040801
39		系统调试（09）	通风与空调工程系统调试检验批质量验收报告	06040901
40	舒适性空调系统（05）	风管与配件制作（01）	风管与配件制作检验批质量验收记录（Ⅰ）（金属风管）	06050101
41			风管与配件制作检验批质量验收记录（Ⅱ）（非金属、复合材料风管）	06050102
42		部件制作（02）	部件制作检验批质量验收记录	06050201
43		风管系统安装（03）	风管系统安装检验批质量验收记录（Ⅱ）（空调系统）	06050301

序号	子分部工程	分项工程	检验批名称	编号
44		风机与空气处理设备安装(04)	风机安装工程检验批质量验收记录	06050401
45			空气处理设备安装检验批质量验收记录(Ⅱ)(空调系统)	06050402
46		风管与设备防腐(05)	风管与设备防腐检验批质量验收记录	06050501
47		组合式空调机组安装(06)	空气处理设备安装检验批质量验收记录(Ⅱ)(空调系统)	06050601
48	舒适性空调系统(05)	消声器、静电除尘器、换热器、紫外线灭菌器等设备安装(07)	空气处理设备安装检验批质量验收记录(Ⅱ)(空调系统)	06050701
49		风机盘管、变风量与定风量送风装置、射流碰口等末端设备安装(08)	空气处理设备安装检验批质量验收记录(Ⅱ)(空调系统)	06050801
50		风管与设备绝热(09)	风管与设备绝热检验批质量验收记录	06050901
51		系统调试(10)	通风与空调工程系统调试检验批质量验收记录	06051001
52		风管与配件制作(01)	风管与配件制作检验批质量验收记录(Ⅰ)(金属风管)	06060101
53			风管与配件制作检验质量验收记录(Ⅱ)(非金属、复合材料风管)	06060102
54		部件制作(02)	部件制作检验批质量验收记录	06060201
55		风管系统安装(03)	风管系统安装检验批质量验收记录(Ⅱ)(空调系统)	06060301
56		风机与空气处理设备安装(04)	风机安装工程检验批质量验收记录	06060401
57	恒温、恒湿空调系统(06)		空气处理设备安装检验批质量验收记录(Ⅱ)(空调系统)	06060402
58		风管与设备防腐(05)	风管与设备防腐检验批质量验收记录	06060501
59		组合式空调机组安装(06)	空气处理设备安装检验批质量验收记录(Ⅱ)(空调系统)	06060601
60		电加热器、加湿器等设备安装(07)	空气处理设备安装检验批质量验收记录(Ⅱ)(空调系统)	06060601
61		精密空调机组安装(08)	精密空调机组安装检验批质量验收记录	06060801
62		风管与设备绝热(09)	风管与设备绝热检验批质量验收记录	06060901
63		系统调试(10)	通风与空调工程系统调试检验批质量验收记录	06061001
64	净化空调系统(07)	风管与配件制作(01)	风管与配件制作检验批质量验收记录(Ⅰ)(金属风管)	06070101
65			风管与配件制作检验质量验收记录(Ⅱ)(非金属、复合材料风管)	06070102

序号	子分部工程	分项工程	检验批名称	编号
66	净化空调系统（07）	部件制作（02）	部件制作检验批质量验收记录	06070201
67		风管系统安装（03）	风管系统安装检验批质量验收记录（Ⅲ）（净化空调系统）	06070301
68		风机与空气处理设备安装（04）	风机安装工程检验批质量验收记录	06070401
69			空气处理设备安装检验批质量验收记录（Ⅲ）（净化空调系统）	06070402
70		风管与设备防腐（05）	风管与设备防腐检验批质量验收记录	06070501
71		净化空调机组安装（06）	空气处理设备安装检验批质量验收记录（Ⅲ）（净化空调系统）	06070601
72		消声器、静电除尘器、换热器、紫外线灭菌器等设备安装（07）	空气处理设备安装检验批质量验收记录（Ⅲ）（净化空调系统）	06070701
73		中、高效过滤器及风机过滤器单元等末端设备清洗与安装（08）	空气处理设备安装检验批质量验收记录（Ⅲ）（净化空调系统）	06070801
74		洁净度测试（09）	洁净度测试检验批质量验收记录	06070901
75		风管与设备绝热（10）	风管与设备绝热检验批质量验收记录	06071001
76		系统调试（11）	通风与空调工程系统调试检验批质量验收记录	06071101
77	地下人防通风系统（08）	风管与配件制作（01）	风管与配件制作检验批质量验收记录	06080101
78		部件制作（02）	部件制作检验批质量验收记录	06080201
79		风管系统安装（03）	风管系统安装检验批质量验收记录	06080301
80		风机与空气处理设备安装（04）	风机与空气处理设备安装检验批质量验收记录	06080401
81		风管与设备防腐（05）	风管与设备防腐检验批质量验收记录	06080501
82		过滤吸收器、防爆波活门、防爆超压排气活门等专用设备安装（06）	过滤吸收器、防爆波活门、防爆超压排气活门等专用设备安装检验批质量验收记录	06080601
83		系统调试（07）	系统调试检验批质量验收记录	06080701
84	真空吸尘系统（09）	风管与配件制作（01）	风管与配件制作检验批质量验收记录	06090101
85		部件制作（02）	部件制作检验批质量验收记录	06090201
86		风管系统安装（03）	风管系统安装检验批质量验收记录	06090301
87		风机与空气处理设备安装（04）	风机与空气处理设备安装检验批质量验收记录	06090401

续表

序号	子分部工程	分项工程	检验批名称	编号
88	真空吸尘系统(09)	风管与设备防腐(05)	风管与设备防腐检验批质量验收记录	06090501
89		管道安装(06)	管道安装检验批质量验收记录	06090601
90		快速接口安装(07)	快速接口安装检验批质量验收记录	06090701
91		风机与滤尘设备安装(08)	风机与滤尘设备安装检验批质量验收记录	06090801
92		系统压力试验及调试(09)	系统压力试验及调试检验批质量验收记录	06090901
93	冷凝水系统(10)	管道系统及部件安装(01)	空调水系统安装检验批质量验收记录(Ⅰ)(金属管道)	06100101
94			空调水系统安装检验批质量验收记录(Ⅱ)(非金属管道)	06100102
95			空调水系统安装检验批质量验收记录(Ⅲ)(设备)	06100103
96		水泵及附属设备安装(02)	空调水系统安装检验批质量验收记录(Ⅰ)(金属管道)	06100201
97			空调水系统安装检验批质量验收记录(Ⅱ)(非金属管道)	06100202
98			空调水系统安装检验批质量验收记录(Ⅲ)(设备)	06100203
99		管道冲洗(03)	空调水系统安装检验批质量验收记录(Ⅰ)(金属管道)	06100301
100			空调水系统安装检验批质量验收记录(Ⅱ)(非金属管道)	06100302
101			空调水系统安装检验批质量验收记录(Ⅲ)(设备)	06100303
102		管道、设备防腐(04)	管道、设备防腐检验批质量验收记录	06100401
103		板式热交换器(05)	板式热交换器检验批质量验收记录	06100501
104		辐射板及辐射供热、供冷地埋管(06)	辐射板及辐射供热、供冷地埋管检验批质量验收记录	06100601
105		热泵机组设备安装(07)	热泵机组设备安装检验批质量验收记录	06100701
106		管道、设备绝热(08)	管道、设备绝热检验批质量验收记录	06100801
107		系统压力试验及调试(09)	空调水系统安装检验批质量验收记录(Ⅰ)(金属管道)	06100901
108			空调水系统安装检验批质量验收记录(Ⅱ)(非金属管道)	06100902
109			空调水系统安装检验批质量验收记录(Ⅲ)(设备)	06100903
110			通风与空调工程系统调试检验批质量验收记录	06100904
111	空调(冷、热)水系统(11)	管道系统及部件安装(01)	空调水系统安装检验批质量验收记录(Ⅰ)(金属管道)	06110101
112			空调水系统安装检验批质量验收记录(Ⅱ)(非金属管道)	06110102
113			空调水系统安装检验批质量验收记录(Ⅲ)(设备)	06110103

序号	子分部工程	分项工程	检验批名称	编号
114	空调（冷、热）水系统（11）	水泵及附属设备安装（02）	空调水系统安装检验批质量验收记录（Ⅰ）（金属管道）	06110201
115			空调水系统安装检验批质量验收记录（Ⅱ）（非金属管道）	06110202
116			空调水系统安装检验批质量验收记录（Ⅲ）（设备）	06110203
117		管道冲洗（03）	空调水系统安装检验批质量验收记录（Ⅰ）（金属管道）	06110301
118			空调水系统安装检验批质量验收记录（Ⅱ）（非金属管道）	06110302
119			空调水系统安装检验批质量验收记录（Ⅲ）（设备）	06110303
120		管道、设备防腐（04）	管道、设备防腐检验批质量验收记录	06110401
121		冷却塔与水处理设备安装（05）	冷却塔与水处理设备安装检验批质量验收记录	06110501
122		防冻伴热设备安装（06）	防冻伴热设备安装检验批质量验收记录	06110601
123		管道、设备绝热（07）	管道、设备绝热检验批质量验收记录	06110701
124		系统压力试验及调试（08）	空调水系统安装检验批质量验收记录（Ⅰ）（金属管道）	06110801
125			空调水系统安装检验批质量验收记录（Ⅱ）（非金属管道）	06110802
126			空调水系统安装检验批质量验收记录（Ⅲ）（设备）	06110803
127			通风与空调工程系统调试检验批质量验收记录	06110804
128	冷却水系统（12）	管道系统及部件安装（01）	空调水系统安装检验批质量验收记录（Ⅰ）（金属管道）	06120101
129			空调水系统安装检验批质量验收记录（Ⅱ）（非金属管道）	06120102
130			空调水系统安装检验批质量验收记录（Ⅲ）（设备）	06120103
131		水泵及附属设备安装（02）	空调水系统安装检验批质量验收记录（Ⅰ）（金属管道）	06120201
132			空调水系统安装检验批质量验收记录（Ⅱ）（非金属管道）	06120202
133			空调水系统安装检验批质量验收记录（Ⅲ）（设备）	06120203
134		管道冲洗（03）	空调水系统安装检验批质量验收记录（Ⅰ）（金属管道）	06120301
135			空调水系统安装检验批质量验收记录（Ⅱ）（非金属管道）	06120302
136			空调水系统安装检验批质量验收记录（Ⅲ）（设备）	06120303
137		管道、设备防腐（04）	管道、设备防腐检验批质量验收记录	06120401
138		系统灌水渗漏及排放试验（05）	系统灌水渗漏及排放试验检验批质量验收记录	06120501
139		管道、设备绝热（06）	管道、设备绝热检验批质量验收记录	06120601
140	土壤源热泵换热系统（13）	管道系统及部件安装（01）	管道系统及部件安装检验批质量验收记录	06130101
141		水泵及附属设备安装（02）	水泵及附属设备安装检验批质量验收记录	06130201

序号	子分部工程	分项工程	检验批名称	编号
142	土壤源热泵换热系统（13）	管道冲洗（03）	管道冲洗检验批质量验收记录	06130301
143		管道、设备防腐（04）	管道、设备防腐检验批质量验收记录	06130401
144		埋地换热系统与管网安装（05）	埋地换热系统与管网安装检验批质量验收记录	06130501
145		管道、设备绝热（06）	管道、设备绝热检验批质量验收记录	06130601
146		系统压力试验及调试（07）	系统压力试验及调试检验批质量验收记录	06130701
147	水源热泵换热系统（14）	管道系统及部件安装（01）	管道系统及部件安装检验批质量验收记录	06140101
148		水泵及附属设备安装（02）	水泵及附属设备安装检验批质量验收记录	06140201
149		管道冲洗（03）	管道冲洗检验批质量验收记录	06140301
150		管道、设备绝热（04）	管道、设备绝热检验批质量验收记录	06140401
151		地表水源换热管及管网安装（05）	地表水源换热管及管网安装检验批质量验收记录	06140501
152		除垢设备安装（06）	除垢设备安装检验批质量验收记录	06140601
153		管道、设备绝热（07）	管道、设备绝热检验批质量验收记录	06140701
154		系统压力试验及调试（08）	系统压力试验及调试检验批质量验收记录	06140801
155	蓄能系统（15）	管道系统及部件安装（01）	管道系统及部件安装检验批质量验收记录	06150101
156		水泵及附属设备安装（02）	水泵及附属设备安装检验批质量验收记录	06150201
157		管道冲洗（03）	管道冲洗检验批质量验收记录	06150301
158		管道、设备防腐（04）	管道、设备防腐检验批质量验收记录	06150401
159		蓄水罐与蓄冰槽、罐安装（05）	蓄水罐与蓄冰槽、罐安装检验批质量验收记录	06150501
160		管道、设备绝热（06）	管道、设备绝热检验批质量验收记录	06150601
161		系统压力试验及调试（07）	系统压力试验及调试检验批质量验收记录	06150701

序号	子分部工程	分项工程	检验批名称	编号
162	压缩式制冷(热)设备系统(16)	制冷机组及附属设备安装(01)	制冷机组及附属设备安装检验批质量验收记录	06160101
163		管道、设备防腐(02)	管道、设备防腐检验批质量验收记录	06160201
164		制冷剂管道及部件安装(03)	制冷剂管道及部件安装检验批质量验收记录	06160301
165		制冷剂灌注(04)	制冷剂灌注检验批质量验收记录	06160401
166		管道、设备绝热(05)	管道、设备绝热检验批质量验收记录	06160501
167		系统压力试验及调试(06)	空调制冷系统安装检验批质量验收记录	06160601
168			通风与空调工程系统检验批质量验收记录	06160602
169	吸收式制冷机系统(17)	制冷机组及附属设备安装(01)	制冷机组及附属设备安装检验批质量验收记录	06170101
170		管道、设备防腐(02)	管道、设备防腐检验批质量验收记录	06170201
171		系统真空试验(03)	系统真空试验检验批质量验收记录	06170301
172		溴化锂溶液加灌(04)	溴化锂溶液加灌检验批质量验收记录	06170401
173		蒸汽管道系统安装(05)	蒸汽管道系统安装检验批质量验收记录	06170501
174		燃气或燃油设备安装(06)	燃气或燃油设备安装检验批质量验收记录	06170601
175		管道、设备绝热(07)	管道、设备绝热检验批质量验收记录	06170701
176		试验及调试(08)	空调制冷系统安装检验批质量验收记录	06170801
177			通风与空调工程系统调试检验批质量验收记录	06170802
178	多联机(热泵)空调系统(18)	室外机组安装(01)	室外机组安装检验批质量验收记录	06180101
179		室内机组安装(02)	室内机组安装检验批质量验收记录	06180201
180		制冷剂管路连接及控制开关安装(03)	制冷剂管路连接及控制开关安装检验批质量验收记录	06180301
181		风管安装(04)	风管安装检验批质量验收记录	06180401
182		冷凝水管道安装(05)	冷凝水管道安装检验批质量验收记录	06180501
183		制冷剂灌注(06)	制冷剂灌注检验批质量验收记录	06180601
184		系统压力试验及调试(07)	系统压力试验及调试检验批质量验收记录	06180701

序号	子分部工程	分项工程	检验批名称	编号
185	太阳能供暖空调系统(19)	太阳能集热器安装(01)	太阳能集热器安装检验批质量验收记录	06190101
186		其他辅助能源、换热设备安装(02)	其他辅助能源、换热设备安装检验批质量验收记录	06190201
187		蓄能水箱、管道及配件安装(03)	蓄能水箱、管道及配件安装检验批质量验收记录	06190301
188		防腐(04)	防腐检验批质量验收记录	06190401
189		绝热(05)	绝热检验批质量验收记录	06190501
190		低温热水地板辐射采暖系统安装(06)	低温热水地板辐射采暖系统安装检验批质量验收记录	06190601
191		系统压力试验及调试(07)	系统压力试验及调试检验批质量验收记录	06190701
192	设备监控系统(20)	温度、压力与流量传感器安装(01)	温度、压力与流量传感器安装检验批质量验收记录	06200101
193		执行机构安装调试(02)	执行机构安装调试检验批质量验收记录	06200201
194		防排烟系统功能测试(03)	防排烟系统功能测试检验批质量验收记录	06200301
195		自动控制及系统智能控制软件调试(04)	自动控制及系统智能控制软件调试检验批质量验收记录	06200401

注：未编写表格及说明的部分检验批表格，请参考相关类似的表格和说明。

单元 7 建筑电气工程分项检验批

表7-76 建筑电气工程检验批划分

建筑电气工程检验批划分

序号	子分部工程	分项工程	检验批名称	编号
1	室外电气（01）	变压器、箱式变电所安装（01）	变压器、箱式变电所安装检验批质量验收记录	07010101
2		成套配电柜、控制柜（屏、台）和动力、照明配电箱（盘）及控制柜安装（02）	成套配电柜、控制柜（屏、台）和动力、照明配电箱（盘）及控制柜安装检验批质量验收记录	07010201
3		梯架、支架、托盘和槽盒安装（03）	梯架、支架、托盘和槽盒安装检验批质量验收记录	07010301
4		导管敷设（04）	导管敷设检验批质量验收记录	7010401
5		电缆敷设（05）	电缆敷设检验批质量验收记录	07010501
6		管内穿线和槽盒内敷线（06）	管内穿线和槽盒内敷线检验批质量验收记录	07010601
7		电缆头制作、导线连接和线路绝缘测试（07）	电缆头制作、导线连接和线路绝缘测试检验批质量验收记录	07010701
8		普通灯具安装（08）	普通灯具安装检验批质量验收记录	07010801
9		专用灯具安装（09）	专用灯具安装检验批质量验收记录	07010901
10		建筑照明通电试运行（10）	建筑照明通电试运行检验批质量验收记录	07011001
11		接地装置安装（11）	接地装置安装检验批质量验收记录	07011101
12	变配电室（02）	变压器、箱式变电所安装（01）	变压器,箱式变电所安装检验批质量验收记录	07020101
13		成套配电柜、控制柜（屏、台）和动力,照明配电箱（盘）安装（02）	成套配电柜,控制柜（屏,台）和动力,照明配电箱（盘）安装检验批质量验收记录	07020201
14		母线槽安装（03）	母线槽安装检验批质量验收记录	07020301
15		梯架、支架、托盘和槽盒安装（04）	梯架、支架、托盘和槽盒安装检验批质量验收记录	07020401
16		电缆敷设（05）	电缆敷设检验批质量验收记录	07020501

序号	子分部工程	分项工程	检验批名称	编号
17	变配电室(02)	电缆头制作,导线连接和线路绝缘测试(06)	电缆头制作,导线连接和线路绝缘测试检验批质量验收记录	07020601
18		接地装置安装(07)	接地装置安装检验批质量验收记录	07020701
19		接地干线敷设(08)	接地干线敷设检验批质量验收记录	07020801
20	供电干线(03)	电气设备试验和试运行(01)	电气设备试验和试运行检验批质量验收记录	07030101
21		母线槽安装(02)	母线槽安装检验批质量验收记录	07030201
22		梯架、支架、托盘和槽盒安装(03)	梯架、支架、托盘和槽盒安装检验批质量验收记录	07030301
23		导管敷设(04)	导管敷设检验批质量验收记录	07030401
24		电缆敷设(05)	电缆敷设检验批质量验收记录	07030501
25		管内穿线和槽盒内敷线(06)	管内穿线和槽盒内敷线检验批质量验收记录	07030601
26		电缆头制作、导线连接和线路绝缘测试(07)	电缆头制作、导线连接和线路绝缘测试检验批质量验收记录	07030701
27		接地干线敷设(08)	接地干线敷设检验批质量验收记录	07030801
28	电气动力(04)	成套配电柜、控制柜(屏、台)和动力配电箱(盘)安装(01)	成套配电柜、控制柜(屏、台)和动力配电箱(盘)安装检验批质量验收记录	07040101
29		电动机、电加热器及电动执行机构检查接线(02)	电动机、电加热器及电动执行机构检查接线检验批质量验收记录	07040201
30		电气设备和试运行(03)	电气设备和试运行检验批质量验收记录	07040301
31		梯架、支架、托盘和槽盒安装(04)	梯架、支架、托盘和槽盒安装检验批质量验收记录	07040401
32		导管敷设(05)	导管敷设检验批质量验收记录	07040501
33		电缆敷设(06)	电缆敷设检验批质量验收记录	07040601
34		管内穿线和槽盒内敷线(07)	管内穿线和槽盒内敷线检验批质量验收记录	07040701
35		电缆头制作、导线连接和线路绝缘测试(08)	电缆头制作、导线连接和线路绝缘测试检验批质量验收记录	07040801
36	电气照明(05)	成套配电柜、控制柜(屏、台)和照明配电箱(盘)安装(01)	成套配电柜、控制柜(屏、台)和照明配电箱(盘)安装检验批质量验收记录	07050101
37		梯架、支架、托盘和槽盒安装(02)	梯架、支架、托盘和槽盒安装检验批质量验收记录	07050201

续表

序号	子分部工程	分项工程	检验批名称	编号
38	电气照明（05）	导管敷设(03)	导管敷设检验批质量验收记录	07050301
39		管内穿线和槽盒内敷线(04)	管内穿线和槽盒内敷线检验批质量验收记录	07050401
40		塑料护套线直敷布线(05)	塑料护套直敷布线检验批质量验收记录	07050501
41		钢索配线(06)	钢索配线检验批质量验收记录	07050601
42		电缆头制作、导线连接和线路绝缘测试(07)	电缆头制作、导线连接和线路绝缘测试检验批质量验收记录	07050701
43		普通灯具安装（08）	普通灯具安装检验批质量验收记录	07050801
44		专用灯具安装（09）	专用灯具安装检验批质量验收记录	07050901
45		开关、插座、风扇安装(10)	开关、插座、风扇安装检验批质量验收记录	07051001
46		建筑照明通电试运行(11)	建筑照明通电试运行检验批质量验收记录	07051101
47	备用和不间断电源（06）	成套配电柜、控制柜（屏、台）和动力、照明配电箱（盘）安装(01)	成套配电柜、控制柜（屏、台）和动力、照明配电箱（盘）安装检验批质量验收记录	07060101
48		柴油发电机组安装(02)	柴油发电机组安装检验批质量验收记录	07060201
49		不间断电源装置及应急电源装置安装(03)	不间断电源装置及应急电源装置安装检验批质量验收记录	07060301
50		母线槽安装(04)	母线槽安装检验批质量验收记录	07060401
51		导管敷设(05)	导管敷设检验批质量验收记录	07060501
52		电缆敷设(06)	电缆敷设检验批质量验收记录	07060601
53		管内穿线和槽盒内敷线(07)	管内穿线和槽盒内敷线检验批质量验收记录	07060701
54		电缆头制作、导线连接和线路绝缘测试(08)	电缆头制作、导线连接和线路绝缘测试检验批质量验收记录	07060801
55		接地装置安装(09)	接地装置安装检验批质量验收记录	07060901
56	防雷及接地（07）	接地装置安装(01)	接地装置安装检验批质量验收记录	07070101
57		防雷引下线及接闪器安装(02)	防雷引下线及接闪器安装检验批质量验收记录	07070201
58		建筑物等电位连接(03)	建筑等电位连接检验批质量验收记录	07070301
59		浪涌保护器安装(04)	浪涌保护器检验批质量验收记录	07070401

注：未编写表格及说明的部分检验批表格，请参考相关类似的表格和说明。

表 7-77　变压器、箱式变电所安装检验批质量验收记录

变压器、箱式变电所安装检验批质量验收记录

07020101　001

单位(子单位)工程名称			分部(子分部)工程名称	建筑电气/变配电室	分项工程名称	变压器、箱式变电所安装
施工单位			项目负责人		检验批容量	
分包单位			分包单位项目负责人		检验批部位	
施工依据				验收依据	《建筑电气工程施工质量验收规范》(GB 50303—2015)	

		验收项目	设计要求及规范规定	最小/实际抽样数量	检查记录	检查结果
主控项目	1	变压器安装及外观检查	第 5.1.1 条	/		
	2	变压器中性点、箱式变电所 N 和 PE 母线的接地连接及支架或框架接地	第 5.1.2 条	/		
	3	变压器的交接试验	第 5.1.3 条	/		
	4	箱式变电所及落地配电箱的固定、箱体的接地或接零	第 5.1.4 条	/		
	5	箱式变电所的交接试验	第 5.1.5 条	/		
				/		
				/		
一般项目	1	有载调压开关检查	第 5.2.1 条	/		
	2	绝缘件和测温仪表检查	第 5.2.2 条	/		
	3	装有滚轮的变压器固定	第 5.2.3 条	/		
	4	变压器的器身检查	第 5.2.4 条	/		
	5	箱式变电所内外涂层和通风口检查	第 5.2.5 条	/		
	6	箱式变电所柜内接线和线路标记	第 5.2.6 条	/		
	7	装有气体继电器的变压器的坡度	第 5.2.7 条	/		

施工单位检查结果	专业工长(施工员)： 项目专业质量检查员： 　　　　年　月　日
监理(建设)单位验收结论	专业监理工程师 (建设单位项目专业负责人)： 　　　　年　月　日

注：本表内容的填写需依据《现场验收检验批检查原始记录》。本检验批质量验收的规范依据见本页背面。

表 7-78　成套配电柜、控制柜(屏、台)和动力、照明配电箱(盘)安装检验批质量验收记录

成套配电柜、控制柜(屏、台)和动力、照明配电箱(盘)安装检验批质量验收记录

07020201　001

单位(子单位)工程名称			分部(子分部)工程名称		建筑电气/变配电室	分项工程名称		成套配电柜、控制柜(屏、台)和动力、照明配电箱(盘)安装
施工单位			项目负责人			检验批容量		
分包单位			分包单位项目负责人			检验批部位		
施工依据					验收依据	《建筑电气工程施工质量验收规范》(GB 50303—2015)		

		验收项目		设计要求及规范规定	最小/实际抽样数量	检查记录		检查结果
主控项目	1	金属框架的接地或接零		第6.1.1条	/			
	2	电击保护和保护导体截面积		第6.1.2条	/			
	3	手车式柜的推拉和动、静触头检查		第6.1.3条	/			
	4	成套配电柜的交接试验		第6.1.4条	/			
	5	柜间线路绝缘电阻测试		第6.1.5条	/			
	6	柜间二次回路耐压试验		第6.1.6条	/			
	7	柜间二次回路耐压试验		第6.1.7条	/			
	8	直流屏试验		第6.1.8条	/			
	9	箱(盘)内结线及开关动作		第6.1.9条	/			
一般项目	1	基础型钢安装	不直度/mm	每米	1	/		
				全长	5	/		
			水平度/mm	每米	1	/		
				全长	5	/		
			不平行度/(mm/全长)		5	/		
	2	柜、屏、盘、台、箱、盘间或与基础型钢的连接		第6.2.2条	/			
	3	柜、屏、台、箱、盘安装	垂直度	1.5‰	/			
			相互间接缝	2 mm	/			
			成列盘面	5 mm	/			
	4	柜、屏、盘、台、箱、盘内部检查试验		第6.2.4条	/			
	5	低压电器组合		第6.2.5条	/			
	6	柜、屏、台、箱、盘间配线		第6.2.6条	/			
	7	连接柜、屏、台、箱、盘面板上的电器及控制台、板等可动部位的电线		第6.2.7条	/			
	8	照明配电箱(盘)安装	安装质量	第6.2.8条	/			
			垂直度	1.5‰	/			
			底边距地面为1.5 m	第6.2.8条	/			
			照明配电板底边距地面不小于1.8m	第6.2.8条	/			
施工单位检查结果		专业工长(施工员):项目专业质量检查员:					年　月　日	
监理(建设)单位验收结论		专业监理工程师(建设单位项目专业负责人):					年　月　日	

注:本表内容的填写需依据《现场验收检验批检查原始记录》。本检验批质量验收的规范依据见本页背面。

表 7-79　母线槽安装检验批质量验收记录

母线槽安装检验批质量验收记录

07020301　001

单位(子单位) 工程名称			分部(子分部) 工程名称	建筑电气/ 变配电室	分项工程名称	母线槽安装
施工单位			项目负责人		检验批容量	
分包单位			分包单位项目 负责人		检验批部位	
施工依据				验收依据	《建筑电气工程施工质量 验收规范》(GB 50303—2015)	

		验收项目		设计要求及 规范规定	最小/实际 抽样数量	检查记录	检查结果
主控项目	1	可接近裸露导体接地或接零		第 11.1.1 条	/		
	2	母线与母线、母线与电器接线端 子的螺栓搭接		第 11.1.2 条	/		
	3	封闭、 插接式 母线安装	母线与外壳同心	±5mm	/		
			段与段连接	第 11.1.3 条 第 2 款	/		
			母线的连接方法	第 11.1.3 条 第 3 款	/		
	4	室内裸母线的最小安全净距		第 11.1.4 条	/		
	5	高压母线交流工频耐压试验		第 11.1.5 条	/		
	6	低压母线交接试验		第 11.1.6 条	/		
一般项目	1	母线支架的安装		第 11.2.1 条	/		
	2	母线与母线、母线与电器接线端 子搭接面处理		第 11.2.2 条	/		
	3	母线的相序排列及涂色		第 11.2.3 条	/		
	4	母线在绝缘子上的固定		第 11.2.4 条	/		
	5	封闭、插接式母线的组装和固定		第 11.2.5 条	/		

施工单位 检查结果	专业工长(施工员)： 项目专业质量检查员： 　　　　　　　　　　　年　月　日
监理(建设)单位 验收结论	专业监理工程师 (建设单位项目专业负责人)： 　　　　　　　　　　　年　月　日

注：本表内容的填写需依据《现场验收检验批检查原始记录》。本检验批质量验收的规范依据见本页背面。

表 7-80　梯架、支架、托盘和槽盒安装检验批质量验收记录

梯架、支架、托盘和槽盒安装检验批质量验收记录

07020401____001

单位(子单位)工程名称		分部(子分部)工程名称	建筑电气/变配电室	分项工程名称	梯架、支架、托盘和槽盒安装
施工单位		项目负责人		检验批容量	
分包单位		分包单位项目负责人		检验批部位	
施工依据			验收依据	《建筑电气工程施工质量验收规范》(GB 50303—2015)	

		验收项目	设计要求及规范规定	最小/实际抽样数量	检查记录	检查结果
主控项目	1	金属电缆桥架、支架和引入、引出的金属导管的接地或接零	第12.1.1条	/		
	2	槽板敷设和木槽板阻燃处理	第16.1.2条	/		
一般项目	1	电缆桥架检查	第12.2.1条	/		
	2	槽板的盖板和底板固定	第16.2.1条	/		
	3	槽板盖板、底板的接口设置和连接	第16.2.2条	/		
	4	槽板的保护套管和补偿装置设置	第16.2.3条	/		

施工单位检查结果	专业工长(施工员)： 项目专业质量检查员： 年　月　日
监理(建设)单位验收结论	专业监理工程师 (建设单位项目专业负责人)： 年　月　日

注：本表内容的填写需依据《现场验收检验批检查原始记录》。本检验批质量验收的规范依据见本页背面。

表 7-81 电缆敷设检验批质量验收记录

电缆敷设检验批质量验收记录

07020501　001

单位(子单位)工程名称			分部(子分部)工程名称	建筑电气/变配电室	分项工程名称	电缆敷设
施工单位			项目负责人		检验批容量	
分包单位			分包单位项目负责人		检验批部位	
施工依据				验收依据	《建筑电气工程施工质量验收规范》(GB 50303—2015)	

		验收项目	设计要求及规范规定	最小/实际抽样数量	检查记录	检查结果
主控项目	1	金属电缆支架、电线导管的接地或接零	第13.1.1条	/		
	2	电缆敷设检查	第13.1.2条	/		
一般项目	1	电缆支架安装	第13.2.1条	/		
	2	电缆的弯曲半径	第13.2.2条	/		
	3	电缆的敷设固定和防火措施	第13.2.3条	/		
	4	电缆的道端、末端和分支处的标志牌	第13.2.4条	/		
施工单位检查结果	专业工长(施工员): 项目专业质量检查员: 年　月　日					
监理(建设)单位验收结论	专业监理工程师 (建设单位项目专业负责人): 年　月　日					

注:本表内容的填写需依据《现场验收检验批检查原始记录》。本检验批质量验收的规范依据见本页背面。

表 7-82　电缆头制作、导线连接和线路绝缘测试检验批质量验收记录

电缆头制作、导线连接和线路绝缘
测试检验批质量验收记录

07020601　001

单位(子单位) 工程名称			分部(子分部) 工程名称	建筑电气/ 变配电室	分项工程名称		电缆头制作、 导线连接和 线路绝缘测试
施工单位			项目负责人		检验批容量		
分包单位			分包单位项目 负责人		检验批部位		
施工依据				验收依据		《建筑电气工程施工质量验收 规范》(GB 50303—2015)	

		验收项目	设计要求及 规范规定	最小/实际 抽样数量	检查记录	检查结果
主控项目	1	高压电力电缆直流耐压试验	第18.1.1条	/		
	2	低压电线和电缆绝缘电阻测试	第18.1.2条	/		
	3	铠装电力电缆头的接地线	第18.1.3条	/		
	4	电线、电缆接线	第18.1.4条	/		
一般项目	1	芯线与电器设备的连接	第18.2.1条	/		
	2	电线、电缆的芯线连接金具	第18.2.2条	/		
	3	电线、电缆回路标记、编号	第18.2.3条	/		

施工单位 检查结果	专业工长(施工员)： 项目专业质量检查员： 　　　　　　　　　　　　　　年　月　日
监理(建设)单位 验收结论	专业监理工程师 (建设单位项目专业负责人)： 　　　　　　　　　　　　　　年　月　日

注：本表内容的填写需依据《现场验收检验批检查原始记录》。本检验批质量验收的规范依据见本页背面。

表7-83 接地装置安装检检验批质量验收记录

接地装置安装检检验批质量验收记录

07020701 ___001___

单位(子单位)工程名称			分部(子分部)工程名称	建筑电气/变配电室	分项工程名称	接地装置安装
施工单位			项目负责人		检验批容量	
分包单位			分包单位项目负责人		检验批部位	
施工依据				验收依据	《建筑电气工程施工质量验收规范》(GB 50303—2015)	

		验收项目	设计要求及规范规定	最小/实际抽样数量	检查记录	检查结果
主控项目	1	接地装置测试点的设置	第24.1.1条	/		
	2	接地电阻值测试	第24.1.2条	/		
	3	防雷接地的人工接地装置的接地干线埋设	第24.1.3条	/		
	4	接地模块的埋设深度、间距和基坑尺寸	第24.1.4条	/		
	5	接地模块设置应垂直或水平就位	第24.1.5条	/		
一般项目	1	接地装置埋设深度、间距和搭接长度	第24.2.1条	/		
	2	接地装置的材质和最小允许规格	第24.2.2条	/		
	3	接地模块与干线的连接和干线材质选用	第24.2.3条	/		

施工单位检查结果	专业工长(施工员): 项目专业质量检查员: 年 月 日
监理(建设)单位验收结论	专业监理工程师 (建设单位项目专业负责人): 年 月 日

注:本表内容的填写需依据《现场验收检验批检查原始记录》。本检验批质量验收的规范依据见本页背面。

表 7-84 接地干线敷设检验批质量验收记录

接地干线敷设检验批质量验收记录

07020801　001

单位(子单位) 工程名称			分部(子分部) 工程名称	建筑电气/ 变配电室	分项工程名称	接地干线敷设
施工单位			项目负责人		检验批容量	
分包单位			分包单位项目 负责人		检验批部位	
施工依据				验收依据	《建筑电气工程施工质量验收 规范》(GB 50303—2015)	

主控项目		验收项目	设计要求及 规范规定	最小/实际 抽样数量	检查记录	检查结果
	1	变配电室内接地干线与接地装 置引出线的连接	第 25.1.2 条	/		
一般项目	1	钢制接地线的连接和材料规格、 尺寸	第 25.2.1 条	/		
	2	室内明敷接地干线支持件的 设置	第 25.2.2 条	/		
	3	接地线穿越墙壁、楼板和地坪处 的保护	第 25.2.3 条	/		
	4	变配电室内明敷接地干线敷设	第 25.2.4 条	/		
	5	电缆穿过零序电流互感器时,电 缆头的接地线检查	第 25.2.5 条	/		
	6	配电间的栅栏门、金属门铰链的 接地连接及避雷器接地	第 25.2.6 条	/		
	7	幕墙金属框架和建筑物金属门 窗与接地干线的连接	第 25.2.7 条	/		

施工单位 检查结果	专业工长(施工员): 项目专业质量检查员: 　　　　　　　　　　　　　年　月　日
监理(建设)单位 验收结论	专业监理工程师 (建设单位项目专业负责人): 　　　　　　　　　　　　　年　月　日

注:本表内容的填写需依据《现场验收检验批检查原始记录》。本检验批质量验收的规范依据见本页背面。

表 7-85 成套配电柜、控制柜(屏、台)和动力、照明配电箱(盘)安装检验批质量验收记录

成套配电柜、控制柜(屏、台)和动力、照明配电箱(盘)安装检验批质量验收记录

07050101　001

单位(子单位) 工程名称			分部(子分部) 工程名称	建筑电气/ 电气照明	分项工程名称	成套配电柜、控制柜(屏、台)和动力、照明配电箱(盘)安装
施工单位			项目负责人		检验批容量	
分包单位			分包单位项目 负责人		检验批部位	
施工依据				验收依据	《建筑电气工程施工质量 验收规范》(GB 50303—2015)	

		验收项目		设计要求及 规范规定	最小/实际 抽样数量	检查记录	检查结果
主控项目	1	金属框架的接地或接零		第6.1.1条	/		
	2	电击保护和保护导体截面积		第6.1.2条	/		
	3	手车式柜的推拉和动、静触头检查		第6.1.3条	/		
	4	成套配电柜的交接试验		第6.1.4条	/		
	5	柜间线路绝缘电阻测试		第6.1.5条	/		
	6	柜间二次回路耐压试验		第6.1.6条	/		
	7	柜间二次回路耐压试验		第6.1.7条	/		
	8	直流屏试验		第6.1.8条	/		
	9	箱(盘)内结线及开关动作		第6.1.9条	/		
一般项目	1	基础型钢安装	不直度 /mm　每米	1	/		
			全长	5			
			水平度 /mm　每米	1			
			全长	5			
			不平行度/(mm/全长)	5			
	2	柜、屏、盘、台、箱、盘间 或与基础型钢的连接		第6.2.2条	/		
	3	柜、屏、台、箱、盘安装	垂直度	1.5‰	/		
			相互间接缝	2 mm			
			成列盘面	5 mm			
	4	柜、屏、盘、台、箱、盘内部检查试验		第6.2.4条	/		
	5	低压电器组合		第6.2.5条	/		
	6	柜、屏、台、箱、盘间配线		第6.2.6条	/		
	7	连接柜、屏、台、箱、盘面板上的电器 及控制台、板等可动部位的电线		第6.2.7条	/		
	8	照明配电箱(盘)安装	安装质量	第6.2.8条	/		
			垂直度	1.5‰			
			底边距地面为1.5 m	第6.2.8条			
			照明配电板底边距 地面不小于1.8m	第6.2.8条	/		

施工单位 检查结果	专业工长(施工员): 项目专业质量检查员:	年　月　日
监理(建设)单 位验收结论	专业监理工程师 (建设单位项目专业负责人):	年　月　日

注:本表内容的填写需依据《现场验收检验批检查原始记录》。本检验批质量验收的规范依据见本页背面。

表 7-86　梯架、支架、托盘和槽盒安装检验批质量验收记录

梯架、支架、托盘和槽盒安装检验批质量验收记录

07050201　001

单位(子单位) 工程名称			分部(子分部) 工程名称	建筑电气/ 电气照明	分项工程名称		梯架、支架、托 盘和槽盒安装
施工单位			项目负责人		检验批容量		
分包单位			分包单位项目 负责人		检验批部位		
施工依据				验收依据		《建筑电气工程施工质量验收 规范》(GB 50303—2015)	

		验收项目	设计要求及 规范规定	最小/实际 抽样数量	检查记录	检查结果
主控项目	1	金属电缆桥架、支架和引入、引 出的金属导管的接地或接零	第12.1.1条	/		
	2	槽板敷设和木槽板阻燃处理	第16.1.2条	/		
一般项目	1	电缆桥架检查	第12.2.1条	/		
	2	槽板的盖板和底板固定	第16.2.1条	/		
	3	槽板盖板、底板的接口设置 和连接	第16.2.2条	/		
	4	槽板的保护套管和补偿装置 设置	第16.2.3条	/		
施工单位 检查结果		专业工长(施工员): 项目专业质量检查员: 　　　　　　　　　　　　年　月　日				
监理(建设)单位 验收结论		专业监理工程师 (建设单位项目专业负责人): 　　　　　　　　　　　　年　月　日				

注:本表内容的填写需依据《现场验收检验批检查原始记录》。本检验批质量验收的规范依据见本页背面。

表 7-87　导管敷设检验批质量验收记录

导管敷设检验批质量验收记录

07050301　001

单位(子单位) 工程名称			分部(子分部) 工程名称	建筑电气/ 电气照明	分项工程名称		导管敷设
施工单位			项目负责人		检验批容量		
分包单位			分包单位项目 负责人		检验批部位		
施工依据				验收依据	《建筑电气工程施工质量验收 规范》(GB 50303—2015)		
主控项目		验收项目	设计要求及 规范规定	最小/实际 抽样数量	检查记录		检查结果
主控项目	1	金属导管、金属线槽的接地或接零	第 14.1.1 条	/			
主控项目	2	金属导管的连接	第 14.1.2 条	/			
主控项目	3	防爆导管的连接	第 14.1.3 条	/			
主控项目	4	绝缘导管在砌体剔槽埋设	第 14.1.4 条	/			
一般项目	1	埋地导管的选择和埋设深度	第 14.2.1 条	/			
一般项目	2	导管的管口设置和处理	第 14.2.2 条	/			
一般项目	3	电缆导管的弯曲半径	第 14.2.3 条	/			
一般项目	4	金属导管的防腐	第 14.2.4 条	/			
一般项目	5	柜、台、箱、盘内导管管口高度	第 14.2.5 条	/			
一般项目	6	暗配管的埋设深度,明配管的固定	第 14.2.6 条	/			
一般项目	7	线槽固定及外观检查	第 14.2.7 条	/			
一般项目	8	防爆导管的连接、接地、固定和 防腐	第 14.2.8 条	/			
一般项目	9	绝缘导管的连接和保护	第 14.2.9 条	/			
一般项目	10	柔性导管的长度、连接和接地	第 14.2.10 条	/			
一般项目	11	导管和线槽在建筑物变形缝处 的处理	第 14.2.11 条	/			
施工单位 检查结果		专业工长(施工员): 项目专业质量检查员: 　　　　　年　月　日					
监理(建设)单位 验收结论		专业监理工程师 (建设单位项目专业负责人): 　　　　　年　月　日					

注:本表内容的填写需依据《现场验收检验批检查原始记录》。本检验批质量验收的规范依据见本页背面。

表 7-88 管内穿线和槽盒内敷线检验批质量验收记录

管内穿线和槽盒内敷线检验批质量验收记录

07050401 001

单位(子单位) 工程名称			分部(子分部) 工程名称	建筑电气/ 电气照明	分项工程名称	管内穿线和 槽盒内敷线
施工单位			项目负责人		检验批容量	
分包单位			分包单位项目 负责人		检验批部位	
施工依据				验收依据	《建筑电气工程施工质量验收 规范》(GB 50303—2015)	

		验收项目	设计要求及 规范规定	最小/实际 抽样数量	检查记录	检查结果
主控项目	1	交流单芯电缆不得单独穿于 钢导管内	第 15.1.1 条	/		
	2	电线穿管	第 15.1.2 条	/		
	3	爆炸危险环境照明线路的电 线、电缆选用和穿管	第 15.1.3 条	/		
一般项目	1	电线、电缆管内清扫和管口 处理	第 15.2.1 条	/		
	2	同一建筑物、构筑物内电线 绝缘层颜色的选择	第 15.2.2 条	/		
	3	线槽敷线	第 15.2.3 条	/		

施工单位 检查结果	专业工长(施工员): 项目专业质量检查员: 年　月　日
监理(建设)单位 验收结论	专业监理工程师 (建设单位项目专业负责人): 年　月　日

注:本表内容的填写需依据《现场验收检验批检查原始记录》。本检验批质量验收的规范依据见本页背面。

表7-89 塑料护套线直敷布线检验批质量验收记录

塑料护套线直敷布线检验批质量验收记录

07050501 _ 001

单位(子单位) 工程名称			分部(子分部) 工程名称	建筑电气/ 电气照明	分项工程名称	塑料护套线 直敷布线
施工单位			项目负责人		检验批容量	
分包单位			分包单位项目 负责人		检验批部位	
施工依据				验收依据		

		验收项目	设计要求及 规范规定	最小/实际 抽样数量	检查记录	检查结果
主控项目	1			/		
	2			/		
	3			/		
	4			/		
	5			/		
	6			/		
	7			/		
	8			/		
	9			/		
	10			/		
一般项目	1			/		
	2			/		
	3			/		
	4			/		
	5			/		

施工单位 检查结果	专业工长(施工员): 项目专业质量检查员: 年 月 日
监理(建设)单位 验收结论	专业监理工程师 (建设单位项目专业负责人): 年 月 日

注:本表内容的填写需依据《现场验收检验批检查原始记录》。本检验批质量验收的规范依据见本页背面。

表 7-90　钢索配线检验批质量验收记录

钢索配线检验批质量验收记录

07050601　001

单位(子单位) 工程名称			分部(子分部) 工程名称	建筑电气/ 电气照明	分项工程名称	钢索配线
施工单位			项目负责人		检验批容量	
分包单位			分包单位项目 负责人		检验批部位	
施工依据				验收依据	《建筑电气工程施工质量验收 规范》(GB 50303—2015)	

		验收项目	设计要求及 规范规定	最小/实际 抽样数量	检查记录	检查结果
主控项目	1	钢索的选用	第 17.1.1 条	/		
	2	钢索端固定及其接地接零	第 17.1.2 条	/		
	3	张紧钢索用的花篮螺栓设置	第 17.1.3 条	/		
一般项目	1	中间吊架及防跳锁定零件	第 17.2.1 条	/		
	2	钢索的承载和表面检查	第 17.2.2 条	/		
	3	钢索配线零件间和线间距离	第 17.2.3 条	/		

施工单位 检查结果	专业工长(施工员)： 项目专业质量检查员： 　　　　　　　　　　　　　年　月　日
监理(建设)单位 验收结论	专业监理工程师 (建设单位项目专业负责人)： 　　　　　　　　　　　　　年　月　日

注:本表内容的填写需依据《现场验收检验批检查原始记录》。本检验批质量验收的规范依据见本页背面。

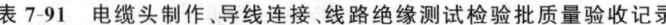
表 7-91　电缆头制作、导线连接、线路绝缘测试检验批质量验收记录

电缆头制作、导线连接、线路绝缘测试检验批质量验收记录

07050701　001

单位(子单位) 工程名称			分部(子分部) 工程名称	建筑电气/ 电气照明	分项工程名称	电缆头制作、 导线连接、 线路绝缘测试
施工单位			项目负责人		检验批容量	
分包单位			分包单位项目 负责人		检验批部位	
施工依据				验收依据	《建筑电气工程施工质量验收 规范》(GB 50303—2015)	

		验收项目	设计要求及 规范规定	最小/实际 抽样数量	检查记录	检查结果
主控项目	1	高压电力电缆直流耐压试验	第18.1.1条	/		
	2	低压电线和电缆绝缘电阻测试	第18.1.2条	/		
	3	铠装电力电缆头的接地线	第18.1.3条	/		
	4	电线、电缆接线	第18.1.4条	/		
一般项目	1	芯线与电器设备的连接	第18.2.1条	/		
	2	电线、电缆的芯线连接金具	第18.2.2条	/		
	3	电线、电缆回路标记、编号	第18.2.3条	/		

施工单位 检查结果	专业工长(施工员)： 项目专业质量检查员： 　　　　　　年　月　日
监理(建设)单位 验收结论	专业监理工程师 (建设单位项目专业负责人)： 　　　　　　年　月　日

注：本表内容的填写需依据《现场验收检验批检查原始记录》。本检验批质量验收的规范依据见本页背面。

表 7-92 普通灯具安装检验批质量验收记录

普通灯具安装检验批质量验收记录

07050801 001

单位(子单位) 工程名称			分部(子分部) 工程名称	建筑电气/ 电气照明	分项工程名称	普通灯具安装
施工单位			项目负责人		检验批容量	
分包单位			分包单位项目 负责人		检验批部位	
施工依据				验收依据	《建筑电气工程施工质量验收 规范》(GB 50303—2015)	

		验收项目	设计要求及 规范规定	最小/实际 抽样数量	检查记录	检查结果
主控项目	1	灯具的固定	第 19.1.1 条	/		
	2	花灯吊钩选用、固定及悬吊装置 的过载试验	第 19.1.2 条	/		
	3	钢管吊灯灯杆检查	第 19.1.3 条	/		
	4	灯具的绝缘材料耐火检查	第 19.1.4 条	/		
	5	灯具的安装高度和使用电压等级	第 19.1.5 条	/		
	6	距地高度小于 2.4 m 的灯具金 属外壳的接地或零	第 19.1.6 条	/		
一般项目	1	引向每个灯具的电线线芯最小 截面积	第 19.2.1 条	/		
	2	灯具的外形,灯头及其接线检查	第 19.2.2 条	/		
	3	变电所内灯具的安装位置	第 19.2.3 条	/		
	4	装有白炽灯泡的吸顶灯具隔热 检查	第 19.2.4 条	/		
	5	在重要场所的大型灯具玻璃罩 安全措施	第 19.2.5 条	/		
	6	投光灯的固定检查	第 19.2.6 条	/		
	7	室外壁灯的防水检查	第 19.2.7 条	/		

施工单位 检查结果	专业工长(施工员): 项目专业质量检查员: 年　月　日
监理(建设)单位 验收结论	专业监理工程师 (建设单位项目专业负责人): 年　月　日

注:本表内容的填写需依据《现场验收检验批检查原始记录》。本检验批质量验收的规范依据见本页背面。

表 7-93 电气照明专用灯具安装检验批质量验收记录

电气照明专用灯具安装检验批质量验收记录

07050901　001

单位(子单位)工程名称			分部(子分部)工程名称	建筑电气/电气照明	分项工程名称	专用灯具安装
施工单位			项目负责人		检验批容量	
分包单位			分包单位项目负责人		检验批部位	
施工依据				验收依据	《建筑电气工程施工质量验收规范》(GB 50303—2015)	

		验收项目	设计要求及规范规定	最小/实际抽样数量	检查记录	检查结果
主控项目	1	36 V 及以下行灯变压器和行灯安装	第20.1.1条	/		
	2	游泳池和类似场所灯具的等电位联结,电源的专用漏电保护装置	第20.1.2条	/		
	3	手术台无影灯的固定、供电电源和电线选用	第20.1.3条	/		
	4	应急照明灯具的安装	第20.1.4条	/		
	5	防爆灯具的选型及其开关的位置和高度	第20.1.5条	/		
一般项目	1	36 V 及以下行灯变压器固定及电缆选择	第20.2.1条	/		
	2	手术台无影灯安装检查	第20.2.2条	/		
	3	应急照明灯具光源和灯罩选用	第20.2.3条	/		
	4	防爆灯具及开关的安装检查	第20.2.4条	/		
					/	
					/	

施工单位检查结果	专业工长(施工员): 项目专业质量检查员: 　　　　　　　　　　　　　　　　　年　月　日
监理(建设)单位验收结论	专业监理工程师 (建设单位项目专业负责人): 　　　　　　　　　　　　　　　　　年　月　日

注:本表内容的填写需依据《现场验收检验批检查原始记录》。本检验批质量验收的规范依据见本页背面。

表7-94 开关、插座、风扇安装检验批质量验收记录

开关、插座、风扇安装检验批质量验收记录

07051001 ___001

单位(子单位) 工程名称			分部(子分部) 工程名称	建筑电气/ 电气照明	分项工程名称	开关、插座、 风扇安装
施工单位			项目负责人		检验批容量	
分包单位			分包单位项目 负责人		检验批部位	
施工依据				验收依据	《建筑电气工程施工质量验收 规范》(GB 50303—2015)	

		验收项目	设计要求及 规范规定	最小/实际 抽样数量	检查记录	检查结果
主控项目	1	交流、直流或不同电压等级在同一场所的插座应有区别	第22.1.1条	/		
	2	插座的接线	第22.1.2条	/		
	3	特殊情况下的插座安装	第22.1.3条	/		
	4	照明开关的选用、开关的通断位置	第22.1.4条	/		
	5	吊扇的安装高度、挂钩选用和吊扇的组装及试运转	第22.1.5条	/		
	6	壁扇、防护罩的固定及试运转	第22.1.6条			/
一般项目	1	插座安装和外观检查	第22.2.1条	/		
	2	照明开关的安装位置、控制顺序	第22.2.2条	/		
	3	吊扇的吊杆、开关和表面检查	第22.2.3条	/		
	4	壁扇的高度和表面检查	第22.2.4条	/		

施工单位 检查结果	专业工长(施工员): 项目专业质量检查员: 年　月　日
监理(建设)单位 验收结论	专业监理工程师 (建设单位项目专业负责人): 年　月　日

注:本表内容的填写需依据《现场验收检验批检查原始记录》。本检验批质量验收的规范依据见本页背面。

表 7-95　建筑照明通电试运行检验批质量验收记录

建筑照明通电试运行检验批质量验收记录

07051101　001

单位(子单位) 工程名称		分部(子分部) 工程名称		分项工程名称	
施工单位		项目负责人		检验批容量	
分包单位		分包单位项目 负责人		检验批部位	
施工依据			验收依据	《建筑电气工程施工质量验收 规范》(GB 50303—2015)	

		验收项目	设计要求及 规范规定	最小/实际 抽样数量	检查记录	检查结果
主控项目	1	灯具回路控制与照明箱及回路的标识一致,开关与灯具控制顺序相对应	第23.1.1条	/		
	2	照明系统全负荷通电连续试运行无故障	第23.1.2条	/		

施工单位 检查结果	专业工长(施工员): 项目专业质量检查员: 　　　　　　　年　　月　　日
监理(建设)单位 验收结论	专业监理工程师 (建设单位项目专业负责人): 　　　　　　　年　　月　　日

注:本表内容的填写需依据《现场验收检验批检查原始记录》。本检验批质量验收的规范依据见本页背面。

表 7-96　成套配电柜、控制柜(屏、台)和动力、照明配电箱(盘)
安装检验批质量验收记录

成套配电柜、控制柜(屏、台)和动力、照明配电箱(盘)安装检验批质量验收记录

04010101

单位(子单位) 工程名称			分部(子分部) 工程名称	建筑电气/备用 和不间断电源	分项工程名称	成套配电柜、控制柜 (屏、台)和动力、照明 配电箱(盘)安装
施工单位			项目负责人		检验批容量	
分包单位			分包单位项目 负责人		检验批部位	
施工依据			验收依据		《建筑电气工程施工质量验收规范》 (GB 50303—2015)	

		验收项目			设计要求及 规范规定	最小/实际 抽样数量	检查记录	检查结果
主控项目	1	金属框架的接地或接零			第6.1.1条	/		
	2	电击保护和保护导体截面积			第6.1.2条	/		
	3	手车式柜的推拉和动、静触头检查			第6.1.3条	/		
	4	成套配电柜的交接试验			第6.1.4条	/		
	5	柜间线路绝缘电阻测试			第6.1.5条	/		
	6	柜间二次回路耐压试验			第6.1.6条	/		
	7	柜间二次回路耐压试验			第6.1.7条	/		
	8	直流屏试验			第6.1.8条	/		
	9	箱(盘)内结线及开关动作			第6.1.9条	/		
一般项目	1	基础型钢安装	不直度/mm	每米	1	/		
				全长	5	/		
			水平度/mm	每米	1	/		
				全长	5	/		
			不平行度/(mm/全长)		5	/		
	2	柜、屏、盘、台、箱、盘间或与基础型钢的连接			第6.2.2条	/		
	3	柜、屏、台、箱、盘 安装	垂直度		1.5‰	/		
			相互间接缝		2 mm	/		
			成列盘面		5 mm	/		
	4	柜、屏、盘、台、箱、盘内部检查试验			第6.2.4条	/		
	5	低压电器组合			第6.2.5条	/		
	6	柜、屏、台、箱、盘间配线			第6.2.6条	/		
	7	连接柜、屏、台、箱、盘面板上的电器及控制台、板 等可动部位的电线			第6.2.7条	/		
	8	照明配电 箱(盘) 安装	安装质量		第6.2.8条	/		
			垂直度		1.5‰	/		
			底边距地面为1.5m		第6.2.8条	/		
			照明配电板底边距地面不小于1.8m		第6.2.8条	/		

施工单位 检查结果	专业工长(施工员): 项目专业质量检查员: 年　　月　　日
监理(建设)单位 验收结论	专业监理工程师 (建设单位项目专业负责人): 年　　月　　日

注:本表内容的填写需依据《现场验收检验批检查原始记录》。本检验批质量验收的规范依据见本页背面。

表 7-97　柴油发电机组安装检验批质量验收记录

柴油发电机组安装检验批质量验收记录

07060201　001

单位(子单位)工程名称		分部(子分部)工程名称	建筑电气/备用和不间断电源	分项工程名称	柴油发电机组安装
施工单位		项目负责人		检验批容量	
分包单位		分包单位项目负责人		检验批部位	
施工依据			验收依据	《建筑电气工程施工质量验收规范》(GB 50303—2015)	

		验收项目	设计要求及规范规定	最小/实际抽样数量	检查记录	检查结果
主控项目	1	电气交接试验	第8.1.1条	/		
	2	馈电线路的绝缘电阻值测试和耐压试验	第8.1.2条	/		
	3	相序检验	第8.1.3条	/		
	4	中性线与接地干线的连接	第8.1.4条	/		
一般项目	1	随带控制柜的检查	第8.2.1条	/		
	2	可接近裸露导体的接地或接零	第8.2.2条	/		
	3	受电侧低压配电柜的试验和机组整体负荷试验	第8.2.3条	/		

施工单位检查结果	专业工长(施工员)： 项目专业质量检查员： 　　　　年　　月　　日
监理(建设)单位验收结论	专业监理工程师 (建设单位项目专业负责人)： 　　　　年　　月　　日

注：本表内容的填写需依据《现场验收检验批检查原始记录》。本检验批质量验收的规范依据见本页背面。

表 7-98   不间断电源装置及应急电源装置安装检验批质量验收记录

不间断电源装置及应急电源装置安装检验批质量验收记录

07060301 ___001

单位(子单位)工程名称			分部(子分部)工程名称	建筑电气/备用和不间断电源	分项工程名称	不间断电源装置及应急电源装置安装
施工单位			项目负责人		检验批容量	
分包单位			分包单位项目负责人		检验批部位	
施工依据				验收依据	《建筑电气工程施工质量验收规范》(GB 50303—2015)	

		验收项目	设计要求及规范规定	最小/实际抽样数量	检查记录	检查结果
主控项目	1	核对规格、型号和接线检查	第 9.1.1 条	/		
	2	电气交接试验及调整	第 9.1.2 条	/		
	3	装置间的连线绝缘电阻值测试	第 9.1.3 条	/		
	4	输出端中性线的重复接地	第 9.1.4 条	/		
一般项目	1	机架组装紧固且水平度、垂直度偏差	≤1.5‰	/		
	2	主回路和控制电线、电缆敷设及连接	第 9.2.2 条	/		
	3	可接近裸露导体的接地或接零	第 9.2.3 条	/		
	4	运行时噪声的检查	第 9.2.4 条	/		

施工单位检查结果	专业工长(施工员): 项目专业质量检查员: 年 月 日
监理(建设)单位验收结论	专业监理工程师 (建设单位项目专业负责人): 年 月 日

注:本表内容的填写需依据《现场验收检验批检查原始记录》。本检验批质量验收的规范依据见本页背面。

表 7-99　母线槽安装检验批质量验收记录

母线槽安装检验批质量验收记录

07060401　001

单位(子单位) 工程名称			分部(子分部) 工程名称	建筑电气/备用 和不间断电源	分项工程名称	母线槽安装
施工单位			项目负责人		检验批容量	
分包单位			分包单位项目 负责人		检验批部位	
施工依据				验收依据	《建筑电气工程施工质量验 收规范》(GB 50303—2015)	

		验收项目		设计要求及 规范规定	最小/实际 抽样数量	检查记录	检查结果
主控项目	1	可接近裸露导体接地或接零		第11.1.1条	/		
	2	母线与母线、母线与电器接线端子的 螺栓搭接		第11.1.2条	/		
	3	封闭、插 接式母 线安装	母线与外壳同心	±5 mm	/		
			段与段连接	第11.1.3条 第2款	/		
			母线的连接方法	第11.1.3条 第3款	/		
	4	室内裸母线的最小安全净距		第11.1.4条	/		
	5	高压母线交流工频耐压试验		第11.1.5条	/		
	6	低压母线交接试验		第11.1.6条	/		
一般项目	1	母线支架的安装		第11.2.1条	/		
	2	母线与母线、母线与电器接线端子搭 接面处理		第11.2.2条	/		
	3	母线的相序排列及涂色		第11.2.3条	/		
	4	母线在绝缘子上的固定		第11.2.4条	/		
	5	封闭、插接式母线的组装和固定		第11.2.5条	/		

施工单位 检查结果	专业工长(施工员)： 项目专业质量检查员： 　　　　　　　　年　　月　　日
监理(建设)单位 验收结论	专业监理工程师 (建设单位项目专业负责人)： 　　　　　　　　年　　月　　日

注:本表内容的填写需依据《现场验收检验批检查原始记录》。本检验批质量验收的规范依据见本页背面。

表7-100 导管敷设检验批质量验收记录

导管敷设检验批质量验收记录

07060501   001

单位(子单位) 工程名称			分部(子分部) 工程名称	建筑电气/备用 和不间断电源	分项工程名称	导管敷设
施工单位			项目负责人		检验批容量	
分包单位			分包单位项目 负责人		检验批部位	
施工依据				验收依据	《建筑电气工程施工质量验 收规范》(GB 50303—2015)	

		验收项目	设计要求及 规范规定	最小/实际 抽样数量	检查记录	检查结果
主控项目	1	金属导管、金属线槽的接地或接零	第14.1.1条	/		
	2	金属导管的连接	第14.1.2条	/		
	3	防爆导管的连接	第14.1.3条	/		
	4	绝缘导管在砌体剔槽埋设	第14.1.4条	/		
一般项目	1	埋地导管的选择和埋设深度	第14.2.1条	/		
	2	导管的管口设置和处理	第14.2.2条	/		
	3	电缆导管的弯曲半径	第14.2.3条	/		
	4	金属导管的防腐	第14.2.4条	/		
	5	柜、台、箱、盘内导管管口高度	第14.2.5条	/		
	6	暗配管的埋设深度,明配管的固定	第14.2.6条	/		
	7	线槽固定及外观检查	第14.2.7条	/		
	8	防爆导管的连接、接地、固定和防腐	第14.2.8条	/		
	9	绝缘导管的连接和保护	第14.2.9条	/		
	10	柔性导管的长度、连接和接地	第14.2.10条	/		
	11	导管和线槽在建筑物变形缝处的处理	第14.2.11条	/		

施工单位 检查结果	专业工长(施工员): 项目专业质量检查员: 年 月 日
监理(建设)单位 验收结论	专业监理工程师 (建设单位项目专业负责人): 年 月 日

注:本表内容的填写需依据《现场验收检验批检查原始记录》。本检验批质量验收的规范依据见本页背面。

表 7-101　电缆敷设检验批质量验收记录

电缆敷设检验批质量验收记录

07060601　001

单位(子单位) 工程名称	××××产业园综合楼	分部(子分部) 工程名称	建筑电气/备用 和不间断电源	分项工程名称	电缆敷设
施工单位	××××公司	项目负责人		检验批容量	300 m
分包单位	/	分包单位项目 负责人	/	检验批部位	变配电室
施工依据	综合楼电气施工组织计划		验收依据	《建筑电气工程施工质量验 收规范》(GB 50303—2015)	

		验收项目	设计要求及 规范规定	最小/实际 抽样数量	检查记录	检查结果
主控项目	1	金属电缆支架、电线导管的接地或接零	第13.1.1条	/		
	2	电缆敷设检查	第13.1.2条	全 / 8	共8处,全部检查,合格8处	√
一般项目	1	电缆支架安装	第13.2.1条			
	2	电缆的弯曲半径	第13.2.2条	全 / 14	共14处,全部检查,合格14处	100%
	3	电缆的敷设固定和防火措施	第13.2.3条	全 / 8	共8处,全部检查,合格8处	100%
	4	电缆的首端、末端和分支处的标志牌	第13.2.4条	全 / 4	共4处,全部检查,合格4处	100%

施工单位 检查结果	符合要求　　　专业工长(施工员): 项目专业质量检查员: 年　　月　　日
监理(建设)单位 验收结论	合格　　　专业监理工程师 (建设单位项目专业负责人): 年　　月　　日

注:本表内容的填写需依据《现场验收检验批检查原始记录》。本检验批质量验收的规范依据见本页背面。

表 7-102　管内穿线和槽盒内敷线检验批质量验收记录

管内穿线和槽盒内敷线检验批质量验收记录

07060701　001

单位(子单位) 工程名称			分部(子分部) 工程名称		建筑电气/备用 和不间断电源	分项工程名称		管内穿线和 槽盒内敷线
施工单位			项目负责人			检验批容量		
分包单位			分包单位项目 负责人			检验批部位		
施工依据					验收依据	《建筑电气工程施工质量验 收规范》(GB 50303—2015)		

		验收项目		设计要求及 规范规定	最小/实际 抽样数量	检查记录	检查结果
主控项目	1	交流单芯电缆不得单独穿于钢导 管内		第15.1.1条	/		
	2	电线穿管		第15.1.2条	/		
	3	爆炸危险环境照明线路的电 线、电缆选用和穿管		第15.1.3条	/		
一般项目	1	电线、电缆管内清扫和管口 处理		第15.2.1条	/		
	2	同一建筑物、构筑物内电线 绝缘层颜色的选择		第15.2.2条	/		
	3	线槽敷线		第15.2.3条	/		

施工单位 检查结果	专业工长(施工员)： 项目专业质量检查员： 　　　　　　　　　年　　月　　日
监理(建设)单位 验收结论	专业监理工程师 (建设单位项目专业负责人)： 　　　　　　　　　年　　月　　日

注：本表内容的填写需依据《现场验收检验批检查原始记录》。本检验批质量验收的规范依据见本页背面。

表 7-103　接地装置安装检验批质量验收记录

接地装置安装检验批质量验收记录

07060901　001

单位(子单位)工程名称			分部(子分部)工程名称	建筑电气/备用和不间断电源	分项工程名称	接地装置安装
施工单位			项目负责人		检验批容量	
分包单位			分包单位项目负责人		检验批部位	
施工依据				验收依据	《建筑电气工程施工质量验收规范》(GB 50303—2015)	

		验收项目	设计要求及规范规定	最小/实际抽样数量	检查记录	检查结果
主控项目	1	接地装置测试点的设置	第24.1.1条	/		
	2	接地电阻值测试	第24.1.2条	/		
	3	防雷接地的人工接地装置的接地干线埋设	第24.1.3条	/		
	4	接地模块的埋设深度、间距和基坑尺寸	第24.1.4条	/		
	5	接地模块设置应垂直或水平就位	第24.1.5条	/		
一般项目	1	接地装置埋设深度、间距和搭接长度	第24.2.1条	/		
	2	接地装置的材质和最小允许规格	第24.2.2条	/		
	3	接地模块与干线的连接和干线材质选用	第24.2.3条	/		

施工单位检查结果	专业工长(施工员)： 项目专业质量检查员： 　　　　年　　月　　日
监理(建设)单位验收结论	专业监理工程师 (建设单位项目专业负责人)： 　　　　年　　月　　日

注：本表内容的填写需依据《现场验收检验批检查原始记录》。本检验批质量验收的规范依据见本页背面。

表 7-104 接地装置安装检验批质量验收记录

接地装置安装检验批质量验收记录

07070101 ___001

单位(子单位)工程名称		分部(子分部)工程名称	建筑电气/备用和不间断电源	分项工程名称	接地装置安装
施工单位		项目负责人		检验批容量	
分包单位		分包单位项目负责人		检验批部位	
施工依据			验收依据	《建筑电气工程施工质量验收规范》(GB 50303—2015)	

		验收项目	设计要求及规范规定	最小/实际抽样数量	检查记录	检查结果
主控项目	1	接地装置测试点的设置	第24.1.1条	/		
	2	接地电阻值测试	第24.1.2条	/		
	3	防雷接地的人工接地装置的接地干线埋设	第24.1.3条	/		
	4	接地模块的埋设深度、间距和基坑尺寸	第24.1.4条	/		
	5	接地模块设置应垂直或水平就位	第24.1.5条	/		
一般项目	1	接地装置埋设深度、间距和搭接长度	第24.2.1条	/		
	2	接地装置的材质和最小允许规格	第24.2.2条	/		
	3	接地模块与干线的连接和干线材质选用	第24.2.3条	/		

施工单位检查结果	专业工长(施工员): 项目专业质量检查员: 年　月　日
监理(建设)单位验收结论	专业监理工程师 (建设单位项目专业负责人): 年　月　日

注:本表内容的填写需依据《现场验收检验批检查原始记录》。本检验批质量验收的规范依据见本页背面。

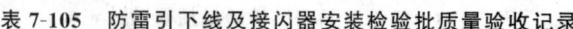

表7-105 防雷引下线及接闪器安装检验批质量验收记录

防雷引下线及接闪器安装检验批质量验收记录

07070201 001

单位(子单位)工程名称			分部(子分部)工程名称	建筑电气/防雷及接地	分项工程名称	防雷引下线及接闪器安装
施工单位			项目负责人		检验批容量	
分包单位			分包单位项目负责人		检验批部位	
施工依据				验收依据	《建筑电气工程施工质量验收规范》(GB 50303—2015)	

		验收项目	设计要求及规范规定	最小/实际抽样数量	检查记录	检查结果
主控项目	1	引下线的敷设、明敷引下线焊接处的防腐	第25.1.1条	/		
	2	利用金属构件、金属管道做接地线时与接地干线的连接	第25.1.3条	/		
	3	避雷针、带与顶部外露的其他金属物体的连接	第26.1.1条	/		
一般项目	1	钢制接地线的连接和材料规格、尺寸	第25.2.1条	/		
	2	明敷接地引下线持件的设置	第25.2.2条	/		
	3	接地线穿越墙壁、楼板和地坪处的保护	第25.2.3条	/		
	4	幕墙金属框架和建筑物金属门窗与接地干线的连接	第25.2.7条	/		
	5	避雷针、带的位置及固定	第26.2.1条	/		
	6	避雷带的支持件间距、固定及承力检查	第26.2.2条	/		

施工单位检查结果	专业工长(施工员): 项目专业质量检查员: 　　　　年　　月　　日
监理(建设)单位验收结论	专业监理工程师 (建设单位项目专业负责人): 　　　　年　　月　　日

注:本表内容的填写需依据《现场验收检验批检查原始记录》。本检验批质量验收的规范依据见本页背面。

表 7-106　建筑物等电位连接检验批质量验收记录

建筑物等电位连接检验批质量验收记录

07070301　001

单位(子单位) 工程名称			分部(子分部) 工程名称	建筑电气/防雷 及接地	分项工程名称	建筑物等电 位连接
施工单位			项目负责人		检验批容量	
分包单位			分包单位项目 负责人		检验批部位	
施工依据				验收依据	《建筑电气工程施工质量验 收规范》(GB 50303—2015)	

		验收项目	设计要求及 规范规定	最小/实际 抽样数量	检查记录	检查结果
主控项目	1	建筑物等电位联结干线的连接及局部等电位箱间的连接	第 27.1.1 条	/		
	2	等电位联结的线路最小允许截面积	第 27.1.2 条	/		
一般项目	1	等电位联结的可接近裸露导体或其他金属部件、构件与支线的连接可靠,导通正常	第 27.2.1 条	/		
	2	需等电位联结的高级装修金属部件或零件,应有专用接线螺栓与等电位联结支线连接	第 27.2.2 条	/		

施工单位 检查结果	专业工长(施工员): 项目专业质量检查员: 年　月　日
监理(建设)单位 验收结论	专业监理工程师 (建设单位项目专业负责人): 年　月　日

注:本表内容的填写需依据《现场验收检验批检查原始记录》。本检验批质量验收的规范依据见本页背面。

表 7-107　浪涌保护器安装检验批质量验收记录

浪涌保护器安装检验批质量验收记录

07070401　001

单位(子单位)工程名称			分部(子分部)工程名称	建筑电气/备用和不间断电源	分项工程名称	浪涌保护器安装
施工单位			项目负责人		检验批容量	
分包单位			分包单位项目负责人		检验批部位	
施工依据				验收依据		

		验收项目	设计要求及规范规定	最小/实际抽样数量	检查记录	检查结果
主控项目	1			/		
	2			/		
	3			/		
	4			/		
	5			/		
	6			/		
一般项目	1			/		
	2			/		
	3			/		
	4			/		
	5			/		

施工单位检查结果	专业工长(施工员)： 项目专业质量检查员： 　　年　月　日
监理(建设)单位验收结论	专业监理工程师 (建设单位项目专业负责人)： 　　年　月　日

注:本表内容的填写需依据《现场验收检验批检查原始记录》。本检验批质量验收的规范依据见本页背面。

单元 **8** 智能建筑工程分项检验批

表 7-108 智能建筑工程检验批划分

智能建筑工程检验批划分

序号	子分部工程	分项工程	检验批名称	编号
1	智能化集成系统（01）	设备安装（01）	设备安装检验批质量验收记录	08010101
2		软件安装（02）	软件安装检验批质量验收记录	08010201
3		接口及系统调试（03）	接口及系统调试检验批质量验收记录	08010301
4		试运行（04）	试运行检验批质量验收记录	08010401
5	信息接入系统（02）	安装场地检查（01）	安装场地检查检验批质量验收记录	08020101
6	用户电话交换系统（03）	线缆敷设（01）	线缆敷设检验批质量验收记录	08030101
7		设备安装（02）	设备安装检验批质量验收记录	08030201
8		软件安装（03）	软件安装检验批质量验收记录	08030301
9		接口及系统调试（04）	接口及系统调试检验批质量验收记录	08030401
10		试运行（05）	试运行检验批质量验收记录	08030501
11	信息网络系统（04）	计算机网络设备安装（01）	计算机网络设备安装检验批质量验收记录	08040101
12		计算机网络软件安装（02）	计算机网络软件安装检验批质量验收记录	08040201
13		网络安全设备安装（03）	网络安全设备安装检验批质量验收记录	08040301
14		网络安全软件安装（04）	网络安全软件安装检验批质量验收记录	08040401
15		系统调试（05）	系统调试检验批质量验收记录	08040501
16		试运行（06）	试运行检验批质量验收记录	08040601
17	综合布线系统（05）	梯架、托盘、槽盒和导管安装（01）	梯架、托盘、槽盒和导管安装检验批质量验收记录	08050101
18		线缆敷设（02）	线缆敷设检验批质量验收记录	08050201
19		机柜、机架、配线架的安装（03）	机柜、机架、配线架的安装检验批质量验收记录	08050301
20		信息插座安装（04）	信息插座安装检验批质量验收记录	08050401
21		链路或信道测试（05）	链路或信道测试检验批质量验收记录	08050501
22		软件安装（06）	软件安装检验批质量验收记录	08050601
23		系统调试（07）	系统调试检验批质量验收记录	08050701
24		试运行（08）	试运行检验批质量验收记录	08050801
25	移动通信室内信号覆盖系统（06）	安装场地检查（01）	安装场地检查检验批质量验收记录	08060101
26	卫星通信系统（07）	安装场地检查（01）	安装场地检查检验批质量验收记录	08070101

序号	子分部工程	分项工程	检验批名称	编号
27	有线电视及卫星电视接收系统(08)	梯架、托盘、槽盒和导管安装(01)	梯架、托盘、槽盒、导管安装检验批质量验收记录	08080101
28		线缆敷设(02)	线缆敷设检验批质量验收记录	08080201
29		设备安装(03)	设备安装检验批质量验收记录	08080301
30		软件安装(04)	软件安装检验批质量验收记录	08080401
31		系统调试(05)	系统调试检验批质量验收记录	08080501
32		试运行(06)	试运行检验批质量验收记录	08080601
33	公共广播系统(09)	梯架、托盘槽盒和导管安装(01)	梯架、托盘、槽盒、导管安装检验批质量验收记录	08090101
34		线缆敷设(02)	线缆敷设检验批质量验收记录	08090201
35		设备安装(03)	设备安装检验批质量验收记录	08090301
36		软件安装(04)	软件安装检验批质量验收记录	08090401
37		系统调试(05)	系统调试检验批质量验收记录	08090501
38		试运行(06)	试运行检验批质量验收记录	08090601
39	会议系统(10)	梯架、托盘、槽盒和导管安装(01)	梯架、托盘、槽盒、导管安装检验批质量验收记录	08100101
40		线缆敷设(02)	线缆敷设检验批质量验收记录	08100201
41		设备安装(03)	设备安装检验批质量验收记录	08100301
42		软件安装(04)	软件安装检验批质量验收记录	08100401
43		系统调试(05)	系统调试检验批质量验收记录	08100501
44		试运行(06)	试运行检验批质量验收记录	08100601
45	信息导引及发布系统(11)	梯架、托盘、槽盒和导管安装(01)	梯架、托盘、槽盒、导管安装检验批质量验收记录	08110101
46		线缆敷设(02)	线缆敷设检验批质量验收记录	08110201
47		显示设备安装(03)	显示设备安装检验批质量验收记录	08110301
48		机房设备安装(04)	机房设备安装检验批质量验收记录	08110401
49		软件安装(05)	软件安装检验批质量验收记录	08110501
50		系统调试(06)	系统调试检验批质量验收记录	08110601
51		试运行(07)	试运行检验批质量验收记录	08110701
52	时钟系统(12)	梯架、托盘、槽盒和导管安装(01)	梯架、托盘、槽盒、导管安装检验批质量验收记录	08120101
53		线缆敷设(02)	线缆敷设检验批质量验收记录	08120201
54		设备安装(03)	设备安装检验批质量验收记录	08120301
55		软件安装(04)	软件安装检验批质量验收记录	08120401
56		系统调试(05)	系统调试检验批质量验收记录	08120501
57		试运行(06)	试运行检验批质量验收记录	08120601

续表

序号	子分部工程	分项工程	检验批名称	编号
58	信息化应用系统(13)	梯架、托盘、槽盒和导管安装(01)	梯架、托盘、槽盒和导管安装检验批质量验收记录	08130101
59		线缆敷设(02)	线缆敷设检验批质量验收记录	08130201
60		设备安装(03)	设备安装检验批质量验收记录	08130301
61		软件安装(04)	软件安装检验批质量验收记录	08130401
62		系统调试(05)	系统调试检验批质量验收记录	08130501
63		试运行(06)	试运行检验批质量验收记录	08130601
64	建筑设备监控系统(14)	梯架、托盘、槽盒和导管安装(01)	梯架、托盘、槽盒和导管安装检验批质量验收记录	08140101
65		线缆敷设(02)	线缆敷设检验批质量验收记录	08140201
66		传感器安装(03)	传感器安装检验批质量验收记录	08140301
67		执行器安装(04)	执行器安装检验批质量验收记录	08140401
68		控制器、箱安装(05)	控制器、箱安装检验批质量验收记录	08140501
69		中央管理工作站和操作分部设备安装(06)	中央管理工作站和操作分站设备安装检验批质量验收记录	08140601
70		软件安装(07)	软件安装检验批质量验收记录	08140701
71		系统调试(08)	系统调试检验批质量验收记录	08140801
72		试运行(09)	试运行检验批质量验收记录	08140901
73	火灾自动报警系统(14)	梯架、托盘、槽盒和导管安装(01)	梯架、托盘、槽盒和导管安装检验批质量验收记录	08150101
74		线缆敷设(02)	线缆敷设检验批质量验收记录	08150201
75		探测器类设备安装(03)	探测器类设备安装检验批质量验收记录	08150301
76		控制器类设备安装(04)	控制器类设备安装检验批质量验收记录	08150401
77		其他设备安装(05)	其他设备安装检验批质量验收记录	08150501
78		软件安装(06)	软件安装检验批质量验收记录	08150601
79		系统调试(07)	系统调试检验批质量验收记录	08150701
80		试运行(08)	试运行检验批质量验收记录	08150801
81	安全技术防范系统(14)	梯架、托盘、槽盒和导管安装(01)	梯架、托盘、槽盒和导管安装检验批质量验收记录	08160101
82		线缆敷设(02)	线缆敷设检验批质量验收记录	08160201
83		设备安装(03)	设备安装检验批质量验收记录	08160301
84		软件安装(04)	软件安装检验批质量验收记录	08160401
85		系统调试(05)	系统调试检验批质量验收记录	08160501
86		试运行(06)	试运行检验批质量验收记录	08160601

序号	子分部工程	分项工程	检验批名称	编号
87	应急响应系统（14）	设备安装（01）	设备安装检验批质量验收记录	08170101
88		软件安装（02）	软件安装检验批质量验收记录	08170201
89		系统调试（03）	系统调试检验批质量验收记录	08170301
90		试运行（04）	试运行检验批质量验收记录	08170401
91	机房（18）	供配电系统（01）	机房供配电系统检验批质量验收记录	08180101
92			机房设备安装检验批质量验收记录	08180102
93		防雷与接地系统（02）	机房防雷与接地系统检验批质量验收记录	08180201
94			机房设备安装检验批质量验收记录	08180202
95		空气调节系统（03）	机房空气调节系统检验批质量验收记录	08180301
96			机房设备安装检验批质量验收记录	08180302
97		给水排水系统（04）	机房给水排水系统检验批质量验收记录	08180401
98			机房设备安装检验批质量验收记录	08180402
99		综合布线系统（05）	机房综合布线系统检验批质量验收记录	08180501
100			机房设备安装检验批质量验收记录	08180502
101		监控与安全防范系统（06）	机房接口与安全防范系统检验批质量验收记录	08180601
102			机房设备安装检验批质量验收记录	08180602
103		消防系统（07）	机房消防系统检验批质量验收记录	08180701
104			机房设备安装检验批质量验收记录	08180702
105		室内装饰装修（08）	机房室内装饰装修检验批质量验收记录	08180801
106			机房设备安装检验批质量验收记录	08180802
107		电磁屏蔽（09）	机房电磁屏蔽检验批质量验收记录	08180901
108			机房设备安装检验批质量验收记录	08180902
109		系统调试（10）	机房工程系统调试检验批质量验收记录	08181001
110		试运行（11）	机房系统试运行检验批质量验收记录	08181101
111	防雷与接地（19）	接地装置（01）	接地装置检验批质量验收记录	08190101
112		接地线（02）	接地线检验批质量验收记录	08190201
113		等电位联结（03）	等电位联结检验批质量验收记录	08190301
114		屏蔽设备（04）	屏蔽设施检验批质量验收记录	08190401
115		电涌保护器（05）	电涌保护器检验批质量验收记录	08190501
116		线缆敷设（06）	线缆敷设检验批质量验收记录	08190601
117		系统调试（07）	系统调试检验批质量验收记录	08190701
117		试运行（08）	试运行检验批质量验收记录	08190801

注：未编写表格及说明的部分检验批表格，请参考相关类似的表格说明。

单元 9 建筑节能工程分项检验批

○○○

表 7-109　建筑节能工程检验批划分

建筑节能工程检验批划分

序号	子分部工程	分项工程	检验批名称	编号
1	围护系统节能（01）	墙体节能（01）	墙体节能检验批质量验收记录	09010101
2		幕墙节能（02）	幕墙节能检验批质量验收记录	09010201
3		门窗节能（03）	门窗节能检验批质量验收记录	09010301
4		屋面节能（04）	屋面节能检验批质量验收记录	09010401
5		地面节能（05）	地面节能检验批质量验收记录	09010501
6	供暖空调设备及管网节能（02）	供暖节能（01）	供暖节能检验批质量验收记录	09020101
7		通风与空调设备节能（02）	通风与空调设备节能检验批质量验收记录	09020201
8				
9		空调与供暖系统冷热源节能（03）	空调与供暖系统冷热源节能检验批质量验收记录	09020301
		空调与供暖系统管网节能（04）	空调与供暖系统管网节能检验批质量验收记录	09020401
10	电气动力节能（03）	配电节能（01）	配电节能检验批质量验收记录	09030101
11		照明节能（02）	照明节能检验批质量验收记录	09030201
12	监控系统节能（04）	监测系统节能（01）	监测系统节能检验批质量验收记录	09040101
13		控制系统节能（02）	控制系统节能检验批质量验收记录	09040201
14	可再生能源（05）	地源热泵系统节能（01）	地源热泵系统节能检验批质量验收记录	09050101
15		太阳能光热系统节能（02）	太阳能光热系统节能检验批质量验收记录	09050201
16		太阳能光伏节能（03）	太阳能光伏节能检验批质量验收记录	09050301

注：未编写表格及说明的部分检验批表格，请参考相关类似的表格说明。

单元10 电梯工程分项检验批

表 7-110　电梯工程检验批划分

电梯工程检验批划分

序号	子分部工程	分项工程	检验批名称	编号
1	电力驱动的曳引式或强制式电梯（01）	设备进场（01）	电梯安装设备进场检验批质量验收记录	10010101
2		土建交接检验（02）	电梯安装土建交接检验批质量验收记录	10010201
3		驱动主机（03）	电梯安装驱动主机检验批质量验收记录	10010301
4		导轨（04）	电梯安装导轨检验批质量检验记录	10010401
5		门系统（05）	电梯安装门系统检验批质量验收记录	10010501
6		轿厢（6）	电梯安装轿厢检验批质量验收记录	10010601
7		对重（07）	电梯安装对重检验批质量验收记录	10010701
8		安全部件（8）	电梯安装安全部件检验批质量验收记录	10010801
9		悬挂装置、随行电缆、补偿装置（9）	电梯安装悬挂装置、随行电缆、补偿装置检验批质量验收记录	10010901
10		电气装置（10）	电梯安装电气装置检验批质量验收记录	10011001
11		整机安装验收（11）	电梯安装整机安装验收检验批质量验收记录	10011101
12	液压电梯（02）	设备进场（01）	电梯安装设备进场检验批质量验收记录	10020101
13		土建交接检验（02）	电梯安装土建交接检验批质量验收记录	10020201
14		液压系统（03）	电梯安装液压系统检验批质量验收记录	10020301
15		导轨（04）	电梯安装导轨检验批质量检验记录	10020401
16		门系统（05）	电梯安装门系统检验批质量验收记录	10020501
17		轿厢（6）	电梯安装轿厢检验批质量验收记录	10020601
18		对重（07）	电梯安装对重检验批质量验收记录	10020701
19		安全部件（8）	电梯安装安全部件检验批质量验收记录	10020801
20		悬挂装置、随行电缆、补偿装置（9）	电梯安装悬挂装置、随行电缆、补偿装置检验批质量验收记录	10020901
21		电气装置（10）	电梯安装电气装置检验批质量验收记录	10021001
22		整机安装验收（11）	电梯安装整机安装验收检验批质量验收记录	10021101
23	自动扶梯、自动人行道（03）	设备进场（01）	电梯安装设备进场检验收批质量验收记录	10030101
24		土建交接检验（02）	电梯安装土建交接检验批质量验收记录	10030201
25		整机安装验收（11）	电梯安装整机安装验收检验批质量验收记录	10030301

注：未编写表格及说明的部分检验批表格，请参考相关类似的表格和说明。

单元11 燃气工程分项检验批

●○○●

表 7-111　燃气工程检验批划分

燃气工程检验批划分

序号	子分部工程	分项工程	检验批名称	编号
1	引入管安装（01）	引入管安装（01）	引入管安装检验批质量验收记录	11010101
2	室内燃气管道安装（02）	室内燃气管道安装（01）	室内燃气管道安装检验批质量验收记录	11020101
3			商业用燃气锅炉和冷热水机组燃气管道安装检验批质量验收记录	11020102
4	设备安装（03）	计量装置安装（01）	燃气计量表安装及检验检验批质量验收记录	11030101
5			家用燃气计量表安装检验批质量验收记录	11030102
6			商业及工业企业燃气计量表安装检验批质量验收记录	11030103
7		用气设备安装（02）	家用燃具安装检验批质量验收记录	11030201
8			商业用气设备安装检验批质量验收记录	11030202
9			工业企业生产用气设备安装检验批质量验收记录	11030203
10		通风设备安装（03）	烟道安装检验批质量验收记录	11030301
11		调压装置安装（04）	商业用燃气锅炉和冷热水机组燃气调压装置安装检验批质量验收记录	11030401
12	电气系统安装（04）	自动控制安装系统安装（01）	商业用燃气锅炉和冷热水机组燃气自控安全系统安装检验批质量验收记录	11040101

注：未编写表格及说明的部分检验批表格，请参考相关类似的表格和说明。

参 考 文 献

[1] 冯兆平,张丹.建设工程文件与档案管理[M].北京:中国档案出版社,2006.

[2] 湖南省建设工程质量安全监督管理总站.湖南省建设工程质量监督验收备案各类往来文函用表格式汇编[S].长沙:湖南省建设工程质量安全监督管理总站发布,2011.

[3] 湖南省建设工程质量安全监督总理总站.建筑工程施工质量验收规范分项工程检验批样表汇编[S].长沙:湖南省建设工程质量安全监督管理总站发布,2008.

[4] 中华人民共和国住房和城乡建设部.建筑工程资料管理规程[S].北京:中国建筑工业出版社,2010.

[5] 中华人民共和国住房和城乡建设部.建设工程文件归档规范[S].北京:中国建筑工业出版社,2014.

[6] 中华人民共和国住房和城乡建设部.建筑工程施工质量验收统一标准[S].北京:中国建筑工业出版社,2013.